Petra Schmidt-Decker

52 Verträge mit mir selbst

Über dieses Buch

Sie haben mehr oder minder freiwillig mehrere Versicherungen abge-
schlossen. Sie besitzen einen Ehe-, Miet- und diverse andere Verträge.
Das heißt, Sie und der jeweilige Partner haben sich dahingehend geeinigt, sich aufgrund klarer Abmachungen das Leben zu erleichtern,
oder – anders ausgedrückt – sich zu *vertrag-en*.
Ist es da nicht an der Zeit, Verträge mit dem wichtigsten Menschen
Ihres Lebens, mit sich, zu schließen? Sie stimmen zu? Dann werden
Sie ab jetzt aus eigener Kraft erreichen, was Sie sich wünschen.
Zudem werden Sie sich von Vertrag zu Vertrag daran gewöhnen müs-
sen, zu den Zufriedenen, Gefragten, Bevorzugten, den Gewinnern zu
gehören, von denen Bekannte, Freunde, Partner übereinstimmend be-
haupten: »Der hat sich so zu seinem Vorteil verändert. Seine gute
Laune ist geradezu ansteckend.«

Über die Autorin

Petra Schmidt-Decker ist ein Multitalent. Sie schrieb die Arktis-No-
velle *Der Verlorene Blitz*, ein Kultbuch. Das Motivationsbuch *Der
Schildkröteninstinkt – dem Leben eine klare Richtung geben*, den
Roman *Die Seherin,* die Sachbücher *Das große Buch des guten Be-
nehmens* und *Die jungen Bosse*, die zu Bestsellern wurden. Ferner
die Komödie *Casanova bevorzugt*, Lieder für Daliah Lavi, Kristina
Bach u.v.a. Ihre Kinderhörbücher – stets zeichnete sie für Buch,
Regie und Produktion verantwortlich – wurden über 10.000.000-mal
verkauft. Dafür erhielt Petra Schmidt-Decker vielfach Doppelplatin,
Platin und Goldene CDs. Unter ihrer Regie sprachen Karlheinz Böhm,
Loriot, Senta Berger, Lilli Palmer, Horst Buchholz und andere Stars.

Petra Schmidt-Decker

52 VERTRÄGE MIT MIR SELBST

Das Geheimnis der Gewinner

//////////////////////// SILBERSCHNUR ////////////////////////

© Verlag »Die Silberschnur« GmbH

ISBN 978-3-89845-302-8

1. Auflage 2010

Gestaltung & Satz: XPresentation, Güllesheim
Druck: Finidr, s.r.o. Cesky Tesin

Verlag »Die Silberschnur« GmbH · Steinstraße 1 · D-56593 Güllesheim

www.silberschnur.de · E-Mail: info@silberschnur.de

Vertragsgegenstände:

Liebe Leserin, lieber Leser,

viele Menschen fassen zu Beginn eines neuen Jahres oder Lebensabschnitts eine Menge guter Vorsätze, die sich alle darin gleichen, den persönlichen Status quo zu verändern. Und dann zieht, wie schon so oft, ein weiteres Turbojahr an uns vorbei, und alles ist beim Alten geblieben. Warum? Wir haben uns zu viel auf einmal vorgenommen und kapitulieren vor der Riesenaufgabe.

Auch ein Weg von tausend Meilen beginnt mit einem Schritt, wusste Laotse schon vor vielen hundert Jahren. Und genau diesen einen ersten Schritt werden wir ab jetzt gehen, bevor wir uns dem nächsten zuwenden. Viele Ziele ähneln sich, andere wiederum unterscheiden sich von Mensch zu Mensch.

Sie haben mehr oder weniger freiwillig mehrere Versicherungen abgeschlossen, Sie besitzen einen Ehe-, Miet- und diverse andere Verträge. Gut so. Das heißt, Sie und der jeweilige Partner haben sich dahingehend geeinigt, sich aufgrund klarer Abmachungen das Leben zu erleichtern beziehungsweise – anders ausgedrückt – sich zu *vertrag*-en.

Ist es da nicht an der Zeit und naheliegend, Verträge mit dem wichtigsten Menschen Ihres Lebens, mit sich, zu schließen?!

Pacta sunt servanda – Verträge müssen eingehalten werden, heißt es schon im römischen Recht, das zur Grundlage unseres Rechts wurde.

Der gregorianische Kalender, der unserer Zeitrechnung zugrunde liegt, teilt 365 Tage in 52 Wochen ein. Deshalb biete ich Ihnen 52 Verträge mit sich selbst an.

So unterschiedlich wie die Vertragsgegenstände, so unterschiedlich ist demzufolge deren Länge.

Noch ein Tipp und eine Anmerkung. Sie erreichen Ihre Ziele leichter, wenn Sie niemandem davon erzählen. Ich gebe Ihnen hierfür ein vielen Menschen bekanntes Beispiel: Sie machen eine Diät, bei der Sie sich, wenn Sie konsequent durchgehalten haben, jeden Freitag mit einem Stück Torte belohnen. Ausgerechnet an Ihrem heiligen Freitag begegnet Ihnen Ihre dürre Freundin und spottet: »Oh, meine Süße, du hast dich zur Hüftgold-Diät entschlossen?« Allein dieser Spruch demotiviert Sie so, dass Sie sich ein zweites Stück Torte bestellen, eine cremige Streicheleinheit für die Seele, die Sie anschließend wütend macht. Hätten Sie geschwiegen, hätten Sie sich sowohl die gezielte Herabsetzung als auch Missmut, Wut und Ärger erspart. In diesem speziellen Fall hätten Sie auch humorvoll antworten können: »Weißt du, wie die Briten den Reservereifen nennen?« Schweigen. »Ich verrate es dir: love handles, Liebesgriffe.«

Aphorismen und andere Motivationsverstärker sind rot gedruckt, damit Sie sie sofort finden, falls Sie einen Durchhänger haben. Sie können Sie auch auf kleine Karteikarten schreiben und überall deponieren: im Portemonnaie, in der Keksdose, am Laptop, am Badezimmerspiegel, an der Werkbank etc. Alle Sprüche und Spruchweisheiten bauen auf oder lassen Sie schmunzeln. Die ohne Namensnennung stammen von mir.

Ich wünsche Ihnen von Herzen viel Erfolg und Vergnügen bei der Verwirklichung Ihrer guten Vorsätze! Dazu Gustav Radbruch:

Geduld gewinnt dem Vergänglichen Dauerwert ab,
sie hält den flüchtigen Augenblick fest,
sie gewinnt den Sieg über die Zeit,
weil sie keine Angst hat, Zeit zu verlieren.

Sie ist an jeder Stelle des Weges zugleich am Ziel
und genießt in der Arbeit schon das Werk, das werden soll.
Sie ist Gleichgewicht, Glaube und Vertrauen.
Sie hat den persischen Teppich geschaffen
und den gotischen Dom.
Sie ist die sanfte Mutter der Kultur.

Sie wissen es, ich weiß es, damit sich auf dieser Welt etwas ändert, muss jeder bei sich anfangen. Eine andere Möglichkeit haben wir nicht. Lassen Sie uns gemeinsam beginnen.

Mit optimistischen Grüßen,
Petra Schmidt-Decker

Vertrag Nr. 1

NICHTS FÜR SELBSTVERSTÄNDLICH HALTEN

**Wer alles für selbstverständlich hält,
verlernt das Staunen.**

**Der Neandertaler und der Stadtneurotiker
unterscheiden sich in dem, was sie für
selbstverständlich halten.**

**Fröhliche Menschen haben ein Geheimnis:
Sie halten nichts für selbstverständlich.**

Mit diesem Vertrag versprechen Sie sich, es ihnen gleichzutun. Das heißt, Sie hinterfragen jeden Schritt Ihres Tagesablaufs. Unmöglich? Nein, so viele Schritte, wie Sie befürchten, sind es nicht.

Sie haben die Wahl: Sie können sich bereits am frühen Morgen darüber freuen, dass Sie Ihren Wecker hören, die Uhrzeit mit den Augen ablesen, sich – hoffentlich – schmerzfrei bewegen können. Vielleicht haben Sie einen Partner, mit dem Sie schon vor dem Frühstück sprechen oder noch ein wenig kuscheln. Sie haben ein Dach über dem Kopf, ein komfortables Bett, Sie können duschen, sich rasieren, die Zähne putzen, sich eincremen, Radio hören etc. Oder Sie schimpfen darüber, dass Sie so früh aufstehen müssen, weil Sie Arbeit haben. Dann halten Sie Dinge für selbstverständlich, die für die meisten Bewohner unserer

Erde noch ein unerfüllbarer Traum sind. Große Teile der Weltbevölkerung müssen mit weniger als einem Dollar pro Tag auskommen. Viele Menschen wissen nicht, was es heißt, satt zu sein. Ein krasser Widerspruch zum Fettabsaugen.

Vor Ihrem Kleiderschrank haben Sie die Qual der Wahl: Was ziehe ich heute an? Allein wählen zu können ist keine Selbstverständlichkeit. Es setzt in jedem Fall eine Alternative voraus. Für viele Menschen ein Luxus.

Sie gehen oder fahren zur Arbeit, die Kinder in den Kindergarten oder in die Schule, weil es Arbeit, Kindergärten, Schulen und Universitäten gibt. Selbstverständlich! Stopp, bitte etwas mehr Bescheidenheit und den Blick über den bundesdeutschen Tellerrand! Aber auch bei uns gibt es leider Millionen verschämter Analphabeten und armer Menschen. Sie gehören nicht dazu? Dann sind Sie ein Glückspilz. Oder wie Paul Hörbiger es formulierte: **Das Glück ist meistens die Brille, nach der man vergeblich sucht. Man findet sie nicht, weil man sie schon auf der Nase hat.**

Kann es sein, dass Sie sich heute nicht über den morgendlichen Stau ärgern, sondern die bequemen Sitze Ihres Autos genießen, sich darüber freuen, dass Sie unter Ihrem Schirm trocken bleiben? Dann sind Sie dabei, Ihren Vertrag mit sich ernst zu nehmen.

Bis hierhin haben Sie Anstöße erhalten. Ab jetzt sind Sie dran. Ich weiß, dass ich eine Lawine ausgelöst habe, weil Ihr Hirn Ihnen nun eine um die andere Nicht-Selbstverständlichkeit präsentiert. Und leise schleicht sich bei Ihnen ein Gefühl der Dankbarkeit ein. Wann sagen wir »danke«? Wenn uns geholfen, ein Wunsch erfüllt wird, wenn wir ein Geschenk bekommen, eine Anerkennung, ein Lob, ein Kompliment. Das kann ein Satz sein: »Das Blau steht Ihnen sehr gut.« Eine Geste, ein anderer Autofahrer lässt Sie vor, eine SMS: »Hab' ich dir heute schon gesagt, dass ich dich liebe?« Ein fröhliches Guten Morgen etc.

Es ist nicht selbstverständlich, dass Ihr Nachbar Sie fragt, wie es Ihnen geht. Wer so fragt, ist an Ihnen interessiert. Die Mehrzahl fragt: »Geht's gut?«, eine überflüssige, hohle Floskel, die Desinteresse signalisiert.

Je weniger Sie für selbstverständlich hinnehmen, desto reicher fühlen Sie sich, auch wenn Sie momentan hart zu kämpfen haben. Und diesen Reichtum sieht man Ihnen an: Sie lächeln häufiger, Ihre Ausstrahlung ist gewinnender als sonst. Die Erklärung dafür ist einfach: Niemand kann etwas anderes ausstrahlen als das, was in ihm ist. Da Sie sich eine Woche lang reicher und beschenkt fühlen, weil Sie viele Selbstverständlichkeiten infrage stellen, zählen Sie zu den Gewinnern, und die lächeln häufiger als andere, weil sie Grund dazu haben. Sie wissen doch: **Jedes Lächeln ist ein Bumerang.** Nutzen Sie diesen Bumerang, werfen Sie ihn, sooft Sie können.

Hiermit verspreche ich,

_____ ,

mir, nichts mehr für selbstverständlich zu halten.

_____

Ort

_____

Datum

_____

Unterschrift

Vertrag Nr. 2

IN VIER SEKUNDEN GEWINNEN

**Ein guter Eindruck öffnet die Türen,
die durch einen schlechten vor der Nase
zugeschlagen werden.**

**Wenn die Leute wüssten, dass sie nur
vier Sekunden zu ihrer Präsentation haben,
würden sie sich mehr bemühen.**

Sie haben genau vier Sekunden Zeit, um einen Menschen für oder gegen sich einzunehmen, stellten Verhaltensforscher fest. Vier Sekunden! Wer sich das klarmacht, wird auf jeden Fall mehr lächeln als bisher, sich täglich so hübsch machen wie möglich, die Alkoholfahne und sonstige nicht allzu einnehmende Düfte vermeiden und andere so behandeln, wie er selbst behandelt werden möchte.

Es gibt Menschen, die schaffen es, sich in dieser kurzen Zeit schlecht zu präsentieren. Dazu einige bewährte Methoden: nicht grüßen, Desinteresse signalisieren, jeden sofort duzen, Verzicht auf bitte, danke und Entschuldigung.

In einer Stunde können Sie theoretisch 900 Mal gewinnen oder verlieren. Vom Verlierer, was den ersten Eindruck betrifft, nehmen Sie ab heute für immer Abschied. Dieser Vertrag ist leicht zu erfüllen. Das uns allen bekannte *carpe diem* = pflücke/nutze den Tag wird zum Instant: **Nutze deine vier Sekunden!**

Hiermit verspreche ich,

_____ ,

mir, ab heute zum Vier-Sekunden-Gewinner
zu werden.

_____
Ort

_____
Datum

_____
Unterschrift

Vertrag Nr. 3

MASSHALTEN

Maßhalten und Exzess sind Brüder.

Menschen, die maßhalten, sind die natürlichen Feinde von Medizinern.

Maßhalten im Denken ist Mittelmaß, Maßhalten im Reden oft genial.

Der Bayer denkt beim Maßhalten an die Wies'n.

Maßzuhalten bedeutet nichts anderes als aufzuhören, wenn es am schönsten ist, am besten schmeckt, bevor man vor Müdigkeit und Überanstrengung umfällt. So gesehen ist Maßhalten ein Appell an die Vernunft. Der Mensch besteht aber nicht nur aus Vernunft, und deshalb ist Maßhalten oft die Folge von Exzess.

Zu Silvester so viel Alkohol getrunken, dass der erste Januar der erste Sterbetag des neuen Jahres ist? Dumm gelaufen. Oder doch nicht? Viele Menschen halten nach derlei Exzessen Maß, weil sterben weder witzig ist noch hat man immer einen freien Tag zum Auferstehen.

Ständiger Exzess führt in den meisten Fällen zu bleibenden Schäden, weil er immer ein Zuviel bedeutet. Oft dauert es ein Leben, bis sich alles in Richtung Maßhalten einpendelt. Oder auch nicht.

Der Mensch hat seit Beginn seiner Art schon vieles maßlos übertrieben, was sich oft in Glauben oder Irrglauben manifestierte. Gerade Religionsführer neigen zur Maßlosigkeit. Warum soll alle Welt das Gleiche glauben? Es steht doch jedem frei, sich den ihm genehmen Gott zu wählen oder auf ihn zu verzichten.

Zur Zeit offenbart sich eine neue Dimension der Maßlosigkeit: Rodet die Regenwälder, pflanzt Mais an, schließlich ist Biokraftstoff lebenswichtig für die marode Autoindustrie. Fischt die Meere leer, minimiert die Artenvielfalt, nehmt anderen Kreaturen den Lebensraum, damit der Mensch sich weiterhin vermehren kann. Sechseinhalb Milliarden sind doch viel zu wenig. Hinzu kommen Bürokraten, die sich bekanntermaßen weltweit durch Zellteilung vermehren, bevor sie einen Vorschriften-Kaventsmann nach dem anderen auslösen. Die Wichtel erzeugen Monsterwellen. Warum? Weil keinem Einhalt geboten wird, weil niemand maßhält.

Die weltweite Rezession ist das Ergebnis der Gier weniger, die an den Quellen der ungesicherten Selbstbedienungsläden saßen. Haben, haben! In manchen Kreisen ist Maßhalten das Fremdwort des Lebens.
Worin kann man maßhalten? Im Konsumieren, Kritisieren, Rechthaben, Jammern, Schwarzsehen, Bevormunden, Schuldzuweisen, Essen, Trinken, Arbeiten, Chatten, Mailen, Fernsehen, Domestizieren, Klatschen und und und. Die Liste ist endlos.

Wenn Sie Ihren wunden Punkt noch nicht genau definieren können, hier eine Hilfe: Wenn Ihr Kollege/Partner seinen Satz oft beginnt mit »hör endlich auf ...«, so lohnt es sich für Sie, darüber nachzudenken, ob er meint, Sie sollten hierin oder darin maßhalten. »Halt bitte einmal den Mund« ist ebenso eindeutig wie »gib nicht so viel Geld aus«. In beiden Fällen kann es sein, dass – in diesem Fall – Ihr Partner Ihnen genervt rät maßzuhalten.

Es sind häufig Dauerstreitthemen, deren Ursache auf mangelndem Maßhalten beruht.

Wer Skandale bevorzugt, um ins Gerede zu kommen, um Aufmerksamkeit zu erhaschen, kann sich diesen Vertrag sparen. Er ist weder für prügelnde Models noch für Seniorplayboys oder Worthülsen speiende und auf deren tiefe Bedeutung pochende Politiker gedacht. Er ist für Menschen, die sich hinterfragen, weiterkommen und gewinnen wollen.

Hiermit verspreche ich,

_____ ,

mir, ab heute maßzuhalten im

_____ .

_____
Ort

_____
Datum

_____
Unterschrift

Vertrag Nr. 4

EIGENMOTIVATION DURCH SICH SELBST ERFÜLLENDE VORAUSSAGEN

Dem Menschen einen Glauben schenken, heißt seine Kraft verzehnfachen.

– Gustave Le Bon –

Entscheide dich, glaube oder hab Angst, beides gleichzeitig funktioniert nicht.

Demoskopie ist die Kunst, Dinge herbeizuführen, indem man sie voraussagt.

– Vance Packard –

Haben Sie schon von self-fulfilling prophecy, einer sich selbst erfüllenden Voraussage, gehört? Wenn nicht, hier die Erklärung mittels Beispiel: Sie belächeln Horoskope, woraus folgt, dass Sie sie nicht lesen. Diese Woche aber machen Sie eine Ausnahme. Sie sind angespannt und unsicher, weil Sie in nur sieben Tagen eine extrem schwierige, für Ihr Weiterkommen aber enorm wichtige Aufgabe zu bewältigen haben. Sie klappen die Zeitung auf, und da steht Schwarz auf Weiß: *Ihre Zukunft ist gesichert, wenn Sie am Ball bleiben. Sie werden mehr Erfolg haben als erwartet.* Na bitte, Sie haben es doch geahnt! Dieser positive Blick in die Zukunft motiviert Sie, schenkt Ihnen Tatkraft und Energie. Diese gute Nachricht wirkt wie ein Placebo, ein Scheinmedikament. Warum? Weil sie ein Placebo ist. Und das bewirkt, dass in Ihrem Hirn ein wahres Freudenfeuerwerk gezündet wird, das zur Ausschüttung hormoneller und anderer Stimulantien und Aufbaukräften führt, deren Wirkweise schon vor gut 2000 Jahren bekannt war, denn so alt ist folgendes Wort: **Der Glaube *versetzt* Berge**. Hierbei ist es völlig irrelevant, woran Sie glauben.

Der religiöse Mensch sucht Halt in den Prophezeiungen seiner Religion, der Gnostiker allein bei Gott, der Atheist bei sich, der Esoteriker bei seiner Geheimlehre, einem Guru, Wahrsager, Astrologen, den Tarotkarten etc. Wieder andere glauben an die Kraft von Amuletten und Steinen. Sind Sie Christ, so reicht es oft, wenn Sie Gebete und/oder Psalmen logisch betonen und nicht herunterleiern wie viele Geistliche. Um den Kopf für Eingebungen freizubekommen, gibt es kaum etwas Wirksameres als das Vaterunser, worin es heißt: *Dein* Wille geschehe. Dieser Satz macht den – Bittenden – Betenden zum Kind, das die Entscheidung dem Vater überlässt und dadurch selbst loslässt. Sehr hilfreich ist auch folgender Psalm, logisch betont: »Der Herr *ist* meine Hirte, mir *wird* nichts mangeln ...«

Als Christ wird Ihnen zur Stärkung genauso viel einfallen wie dem Moslem, dem Hindu, dem Juden, dem Buddhisten, anderen Gläubigen und dem Agnostiker. Sind Sie aber Atheist, so liegt es für mich nahe, dass Sie sich mit dem menschlichen Hirn, der Schaltzentrale beschäftigen, die absolut jedem Computer überlegen ist. Gerade die Hirnforschung schreitet in rasantem Tempo voran. So ist für den Atheisten der Glaube an sich Maßstab für sein Handeln. Er kann und will nichts abgeben.

Dem Esoteriker, dem in eine mystische, religiöse oder philosophische Geheimlehre Eingeweihten, empfehle ich, sich nicht zu verzetteln: Mystik + Astrologie + Hellseherei + Tarot + Pendel sind zu viel auf einmal. Dadurch vergeuden Sie Zeit und Energie. Vertrauen Sie Ihrer Lehre, einem Amulett, Stein oder Sonstigem, und lassen Sie sich nicht von einem Haufen Menschen beeinflussen, die, um das allseits bekannte Negativbeispiel *Scientology* zu nennen, weniger an Ihrem Wohl als an Ihrem Geld interessiert sind.

Bitte denken oder sprechen Sie, wenn möglich, am selben Ort zur gleichen Zeit Ihr Gebet, Ihre Self-fulfilling-prophecy-Formel. Ich möchte durch die Zeit-Ort-Identität in Ihrem Hirn einen Automatismus der Art auslösen, dass Ihnen, sowie Sie sich beispielsweise an Ihren Schreibtisch setzen, Ihre Formel einfällt, und Sie wissen, dass Sie Ihre Aufgabe bewältigen werden.

Du erlebst, was du dir vorstellst.

Was die Ebbe nimmt, bringt die Flut wieder.
– Sprichwort aus Afrika –

Dies Thema betreffend, möchte ich eine Geschichte aus meinem Leben erzählen: Ich arbeitete als Au-pair in London. Es klingelte. Vor der Tür stand eine gebeugte Zigeunerin, die Spitzendeckchen verkaufen wollte. Ich nahm ihr nichts ab, wollte die Tür wieder schließen, als sie mich lange ansah und dann meinte: »Sie werden einmal sehr glücklich werden, aber Sie müssen viel, viel älter werden.«

Diese Self-fulfilling-prophecy-Aussage hat mich mein Leben lang begleitet. Wenn ich unglücklich oder traurig war, sagte ich mir stets: »Petra, du bist noch nicht alt genug.« Zum Dank widme ich dieses Buch posthum der unbekannten Zigeunerin.

Hiermit verspreche ich,

_____ ,

mir, mich durch Self-fulfilling-prophecy-Aussagen
zu motivieren.

_____
Ort

_____
Datum

_____
Unterschrift

Vertrag Nr. 5

GLAUBWÜRDIGKEIT

**Frauen lügen nie, sie erfinden nur die Wahrheit,
die sie gerade brauchen.**
– Yves Montand –

**Man soll allen wohl trauen, doch am
meisten sich selbst.**
– Sprichwort aus Norwegen –

**Die Wahrheit ist oft zu einfach,
um Glauben zu finden.**
– Fanny Lewald –

Ich möchte mit einem Beispiel fehlender Glaubwürdigkeit beginnen, das mich dauerzornig macht. In der Bibel heißt es: Du sollst nicht töten. Diese Aussage ist eindeutig, lässt keinerlei Auslegung und/oder Ausnahmen zu. Wie kann es bei dieser Ausgangssituation angehen, dass einige Politiker einerseits ihren christlichen Glauben TV-gerecht vermarkten und andererseits für die Todesstrafe plädieren?

Wer in seinen Grundsätzen nicht glaubwürdig ist, ist mit Vorsicht zu behandeln. Nur naive Menschen trauen derlei Zeitgenossen.

Bitte denken Sie in dieser Woche über Ihre Grundsätze, Grund-Sätze, nach, und hinterfragen Sie sie, um sie auf ihre Glaubwürdigkeit abzuklopfen. Erkennen werden Sie Ihre Credos leicht. Sie verstecken sich hinter »du sollst« beziehungsweise »du sollst nicht«, hinter »du musst« beziehungsweise »du darfst nicht«.

Beginnen wir in der Familie: Sie ermahnen Ihre Kinder, nicht zu rauchen, und das mit einer Zigarette in der Hand. Sie wissen, dass Sie an Mund-, Zungen-, Lungenkrebs erkranken können und dass das Raucherbein Sie möglicherweise in den Rollstuhl bringen wird. Sie schädigen nicht nur sich, sondern Ihre gesamte Familie, obwohl Ihnen Fröbels – er war der Erfinder des Kindergartens – Zitat bekannt ist: **Erziehung ist Beispiel, sonst nichts.** Sie gehen mit schlechtem Beispiel voran, gestehen sich Ihre Sucht ein oder auch nicht, sind unglaubwürdig und verlangen trotzdem Respekt. Hierzu ein Wort Fénelons: **Man ist nie scharfsinniger, als wenn es darauf ankommt, sich selbst zu täuschen.**

Wer – besonders Kindern und anderen Abhängigen gegenüber – seiner Vorbildfunktion nicht nachkommt, wozu auch zählt, seine Versprechen zu halten, nimmt den einen das Urvertrauen, die fundamentale Voraussetzung für späteres Selbstbewusstsein, und zerstört bei den anderen Hoffnungen und Träume. Dem so Handelnden ist das Prädikat »unglaubwürdig« gewiss.

Wenn Sie sich in obigem Beispiel wiedererkannt haben, wodurch Sie schon durch Ihre ehrliche Selbsteinschätzung aus der Masse herausragen, so bleibt Ihnen nur, sich zu ändern. Sie halten ab jetzt Ihre Versprechen und bemühen sich dort um Schadensbegrenzung und Wiedergutmachung, wo Sie Vertrauen zerstört haben. Alkoholiker zum Beispiel versprechen regelmäßig Dinge, an die sie sich Stunden oder auch Tage danach nicht mehr erinnern können, die sie – schon wieder abgefüllt – zu allem Überfluss auch noch abstreiten.

Sie bezeichnen sich als umweltbewusst und verplempern das kostbarste Gut unseres Planeten, Wasser? Unglaubwürdig! Dazu ein Tipp: Anstatt das Wasser in den Ausguss laufen zu lassen, bevor es warm wird, habe ich neben jedes Waschbecken eine Gießkanne gestellt. Mit den circa zehn Litern, die ich früher täglich vergeudet habe, gieße ich heute meine Blumen. Das sind pro Jahr etwa 3650 Liter. Rechnen Sie das mal auf ein Haus, eine Straße, eine Stadt, ein Land hoch! Da kommt schnell ein Bodensee zusammen.

Sie verlangen Treue und gehen fremd? Unglaubwürdig.

Sie plädieren für Wahrheit und lügen zu Ihrem Vorteil? Unglaubwürdig.

Sie fordern Fleiß und sind selbst faul? Unglaubwürdig.

Sie leben im Überfluss und verlangen von Armen Sparsamkeit? Unglaubwürdig.

Sie predigen Friedfertigkeit und gehen keine Kompromisse ein? Unglaubwürdig.

Sie schröpfen die Bürger und kuschen vor organisierter Kriminalität? Unglaubwürdig.

Sie sind in leitender Position und schieben Fehlentscheidungen auf andere? Unglaubwürdig.

Sie plädieren für Eigenverantwortung und melken die Solidargemeinschaft? Unglaubwürdig.

Leider lässt sich diese Liste ad infinitum fortführen.

Gemeinschaftsgefühl und -sinn werden durch Lügen im Keim erstickt.

Hierzu ein chinesisches Sprichwort: **Wenn du mich einmal betrügst, deine Schande. Wenn du mich zweimal betrügst, meine Schande.**

Sie sind der Mensch, der am besten wissen sollte, ob und wie viel er lügt, und deshalb haben Sie sich entschlossen, Ihre Glaubwürdigkeit schonungslos zu hinterfragen, um diesen Zustand zu beenden. Sie wollen diesen schwierigen Vertragsinhalt zu Ihrer Zufriedenheit meistern. Sie haben sich viel, aber nichts Unmögliches vorgenommen.

Auch wenn Sie feststellen, dass Sie noch große Ähnlichkeit mit
Frau Ypsilanti oder dem Baron von Münchhausen haben, besteht
für Sie kein Grund zur Verzweiflung. Nein, Sie überdenken Ihre
Ge- und Verbote Schritt für Schritt und fragen sich, ob Sie das,
was Sie von anderen verlangen, auch selbst einhalten. Sie ändern
Ihr Verhalten, bis Ihnen aus dem Spiegel der Mensch entgegen-
blickt, den Sie gern zum Partner, Freund, Vorgesetzten, Mitarbeiter,
Kollegen hätten.

**Den Charakter eines Menschen erkennt man erst,
wenn er Vorgesetzter geworden ist.**

– Erich Maria Remarque –

Glaubwürdigkeit zieht Glaubwürdigkeit an und schafft Vertrauen.
Derselbe Magnetismus verbindet Lügner. Und dasselbe Problem: Wer sich selbst nicht glauben kann, wird auch keinem anderen glauben können, weil wir stets von uns auf andere
schließen. Eine andere Möglichkeit haben wir nicht.

Ich finde, Sie sollten sich für diesen schwieriger zu bewältigen-
den Vertrag Anreize geben: Wenn … dann. Wenn ich das, was
ich meinen Kindern, meinem Partner, meinen Kollegen, Mitar-
beitern, Freunden oder wem auch immer schon vor langer Zeit
versprochen habe, in dieser Woche endlich halte, belohne ich
mich nicht nur mit Anerkennung und Glaubwürdigkeit, nachdem
sich das anfängliche Staunen über meine Veränderung gelegt
hat, sondern lege auch jedes Mal fünfzig Euro – oder sehr viel
mehr oder weniger – in mein neues Sparschwein, mit dessen
Inhalt wir gemeinsam etwas unternehmen werden: ein Überra-
schungspicknick, einen Ausflug ans Meer, in die Berge, Grillen
im Garten oder wo auch immer, einen Konzert-, Opern-, Thea-
terbesuch etc.

**Wer, statt Wasser zu predigen, seinen Wein mit
anderen teilt, wird reichlich belohnt.**

Die Wahrheit ist unterwegs,
und nichts wird sie aufhalten.

– Emil Zola Affaire Dreyfuß –

Hiermit verspreche ich,

_____ ,

mir, mich ab heute glaubwürdig zu verhalten.

_____

Ort

_____

Datum

_____

Unterschrift

Vertrag Nr. 6

SCHLUSS MIT UNNÖTIGEN SORGEN

Statistisch erwiesen: 96 % aller Sorgen sind unnötig, weil nur 4 % eintreffen.

Man kann die Menschen in drei Klassen einteilen: solche, die sich zu Tode arbeiten, solche, die sich zu Tode sorgen, und solche, die sich zu Tode langweilen.
– Winston Churchill –

Dieser Vertrag ist überaus leicht zu erfüllen, seine Wirksamkeit hingegen enorm.

Bitte schreiben Sie *96 : 4* auf kleine Haftzettel, Kartel- oder Postkarten, einen DIN-A1-, -A2-, -A3-, -A4-Bogen, und deponieren Sie sie überall: im Portemonnaie, an Ihrem PC, der Kasse, der Werkbank. An der Kaffee- oder Teedose, dem Brotkasten, an Türen, Spiegeln, Wänden, auf Ihrem Nachttisch, am Telefon etc.

Demjenigen, der zur Zeit viele Sorgen hat, empfehle ich, sich diese Motivationswunderzahlen auf den Handrücken zu schreiben. Sie ahnen gar nicht, wie oft Sie im Laufe eines Tages auf Ihre Hände blicken!

Es gibt Menschen, die sich, wenn ein geliebter Mensch krank ist, große Sorgen machen.

Andere, Vernunft Gesteuerte, wissen, dass Besorgnis einen Kranken nicht heilt, sondern ihm zusätzlich Kummer bereitet. Vernunft Gesteuerte wollen einen klaren Kopf behalten, um helfen, eingreifen, mit den behandelnden Medizinern sprechen zu können.

Für den Sorgenvollen ist meine Lieblingsstatistik ein Segen, weil sie ihn aus der Unterwelt wieder auf den Boden der Tatsachen befördert. Außerdem bedeuten 96 Prozent im grünen gegenüber vier Prozent im roten Bereich auch jede Menge berechtigter Hoffnung. Wer diesen Zahlen vertraut, wird aufgrund seiner positiven Ausstrahlung mehr Glück haben, oder wie Buddha es ausdrückte: **Es gibt keinen Weg zum Glück. Glück ist der Weg.**

Hiermit verspreche ich,

_____ ,

mir, 96 : 4 als die wichtigsten Zahlen gegen
Sorgen zu nutzen.

_____

Ort

_____

Datum

_____

Unterschrift

Vertrag Nr. 7

DURCH VERZICHT ZUM ZIEL

Um mein Ziel zu erreichen, muss ich auf alles verzichten, das im Gegensatz zu meinem Ziel steht.

Wer all seine Ziele erreicht, hat sie wahrscheinlich zu niedrig gewählt.

– Herbert von Karajan –

Oft bringt zeitweiser Verzicht lebenslang Gewinn.

Diät mit Alkohol, Chips und Torte funktioniert nicht. Starpianist werden, ohne zu üben? Fehlanzeige. Beliebt sein wollen und Freunde und Bekannte verspotten, bloßstellen, hintergehen, belügen? Geht gar nicht. Warum? Siehe oben.

Bitte nehmen Sie einen DIN-A4-Bogen, legen Sie ihn quer und unterteilen Sie die Seite mit Senkrechtstrichen in drei gleich große Felder. Rechts oben steht *Ziel*, in der Mitte *Verzicht*, links *Start*. Wir beginnen mit dem Ziel. In diese Rubrik schreiben Sie ohne Wenn und Aber, was Sie erreichen wollen, und zwar präzise. »Viel Geld« ist eine vage Angabe. Die zählt nicht. Stattdessen: »In diesem Jahr die Summe X. Im folgenden die Summe X plus Y« usw. Dann gehen Sie zum linken Feld. Dort steht die Summe, die Ihnen momentan zur Verfügung steht. Wenn Ihnen beispielsweise klar ist, dass Sie sich unbedingt weiterbilden müssen, kann unter *Verzicht* stehen: Ich verzichte auf: Kegeln und Kneipenbesuche, abendliche TV-Berieselung außer der Tagesschau, durchtanzte Nächte, Riesenportionen Essen, weil mein Hirn dadurch auf Verdauung anstelle von lernen schaltet, Nerven aufreibende Grundsatzdiskussionen über Verwandte, grübeln anstelle von arbeiten, lange Telefonate etc.

Als Nächstes informieren Sie sich beispielsweise im Internet über alle Sie betreffenden Fördermaßnahmen. Sowie Sie das Richtige gefunden haben, fragen Sie nach einem Schnupperangebot.

Jetzt folgt – leider für viele Menschen – das Schwierigste. Sie erklären Ihrem Partner, Ihrer Familie, dass Sie einen Weiterbildungskurs besuchen wollen und an den Abenden, nach der Arbeit und am Wochenende pauken werden. Jeder verständnisvolle Partner wird das, was irgendwann auch ihm zugutekommt, akzeptieren. Selbstverständlich reicht für eine derartige Maßnahme keine Woche, dazu benötigen Sie in der Regel einige Semester beziehungsweise Jahre.

Deshalb *üben* wir den Verzicht an Sujets, die schon nach einer Woche Erfolg zeigen, als da sind Diät, überflüssige Telefonate, Kurzstrecken mit dem Auto fahren, der Verzicht auf Vorwürfe, Belehrungen, Ratschläge, ein Ja, wenn Sie ein Nein meinen, kannenweise Kaffee und/oder Tee trinken, unerwünschte Gesellschaft und und und. Die Verzicht-Liste ist lang und individuell.

Verzichten heißt im Vorfeld, sich mit sich zu beschäftigen, im Mittelfeld stürmen und schließlich den ersehnten Treffer landen.

Nicht nur Fußballer, sondern auch alle anderen Sportler sind Meister im Verzicht, weil sie gewinnen, ihr Ziel erreichen wollen.

Hiermit verspreche ich,

_____ ,

mir, mich vorerst eine Woche lang im Verzicht von:

_____

zu üben.

_____

Ort

_____

Datum

_____

Unterschrift

Vertrag Nr. 8

EINE WOCHE OHNE FERNSEHEN

Das TV wurde nicht für Idioten erschaffen, es erzeugt sie.
– Neil Postman –

Je höher der Bildungsgrad, desto geringer der TV-Konsum.
– Statistik –

Im Sport wird Leistung belohnt, deshalb sind Fußball & Co. so beliebt.

Fernsehen ist die Phantasie der Armen.
– Wieslaw Brudzinski –

Fernsehen ist der Kommunikationskiller Nr. 1, weil sich kein Mensch während des TV-Konsums unterhalten kann. Fernsehen anstelle von Gesprächen will niemand, lehnen die meisten ab, und dennoch verbringen viele Singles, Paare und Familien den größten Teil ihrer Freizeit vor der Flachglotze. Sollten diese Millionen von Menschen sich nichts mehr zu sagen haben? So weit möchte ich nicht gehen, weil ich glaube, zu viel TV-Konsum ist eine schlechte Ange-wohn-heit, die Sie in Ihrer Wohnung festhält. Nicht mehr und nicht weniger.

Es gibt sehr gute Sendungen, das steht völlig außer Frage. Picken Sie sich die gezielt heraus, aber lehnen Sie es ab, zum geistigen

Allesfresser zu werden, der dann nicht mehr zwischen Kunst und Schund, zwischen Information und Indoktrination, zwischen Taktlosigkeit und Unterhaltung, zwischen Quotentabulosigkeit und sich daraus ergebender Verblödung, zwischen Wahrheit und Lüge, Schein und Sein unterscheiden kann.

Was für einen fragwürdigen Alkoholkonsum gilt, gilt ebenso für den TV-Konsum. Um feststellen zu können, ob Sie Herr der Flachglotze sind oder der Bildschirm Sie im Griff hat, gibt es nur eines: eine Woche Enthaltsamkeit. Dass Sie die nicht gerade während der Fußball-WM wählen, ist selbstverständlich.

Während dieser einen Woche hören Sie die Nachrichten im Radio und/oder lesen Zeitung(en). Wem davor graut, der ist zweifelsohne berieselungsabhängig und sieht nicht seine Chancen. Und gerade die sind gewaltig: Sie haben Zeit, mit Ihrem Partner zu reden, Ihre Beziehung zu festigen. Sie haben Zeit, (gemeinsam) Sport zu treiben. Ob das eine (Familien-) Fahrrad- oder eine Walkingtour oder etwas ganz anderes ist, bleibt Ihnen überlassen. Sie können gemeinsam kochen, Freunde einladen, Ihren Kindern etwas vorlesen, mit ihnen – ganz wichtig – spielen. Sie können lesen, malen, ein Instrument spielen, komponieren, schwimmen, in die Sauna gehen, nähen, basteln, Ihren Urlaub planen. Sie können auch einfach nur früher ins Bett gehen und Ihr geplagtes Hirn von der nächtlichen Verarbeitung von Mord und Totschlag, Krieg und Angst, eingepackt in Werbeblöcke für jugendliche Senioren und lebenserfahrene Säuglinge, befreien. Es ist erwiesen, dass erhöhter TV-Konsum zu schlechtem Schlaf führt. Darin gleicht er dem Alkohol.

Wer auch nur eine Woche aufs Fernsehen verzichtet, macht eine Wellnesskur der besonderen Art: Hirn, Augen, Ohren, Knochengerüst, Durchblutung danken Ihnen für die Pause.

Und weil Sie sich gut fühlen, werden Sie automatisch umgänglicher. Natürlich gehört zum Verzicht auf die Massenware TV eine Portion Selbstbewusstsein, aber haben Sie diejenigen nicht schon öfter beneidet, die am Morgen von den Aktivitäten mit

ihrem Partner, ihren Freunden, der Familie erzählen konnten anstelle von Leichen aus der Gerichtsmedizin?

Niemand kann Sie davon abhalten, im Laufe des Jahres mit Ihren
Kollegen oder anderweitigen Partnern mehrere TV-freie Wochen
einzulegen, sich ganz von der Flachglotze zu verabschieden und
sich von dem Geld, das Sie an Gebühren sparen, Bücher, CDs,
einen Konzert-, Theater-, Opern-, Kinobesuch oder etwas anderes,
das Ihnen Freude bereitet, zu leisten. Oder es gezielt zu sparen.
Sie haben die Wahl.

Mehrheiten zementieren das Bestehende.
Fortschritt ist nur über Minderheiten möglich.
– Bertrand Russell –

Es ist traurig, eine Ausnahme zu sein. Aber noch
viel trauriger ist es, keine Ausnahme zu sein.
– Peter Altenberg –

Hiermit verspreche ich,

_____ ,

mir, eine Woche lang auf jeglichen TV-Konsum
zu verzichten.

_____
Ort

_____
Datum

_____
Unterschrift

Vertrag Nr. 9

ALKOHOL - NEIN DANKE

Alkohol konserviert Frösche,
aber keine Geheimnisse.

Jeder ist ein Mond und hat eine dunkle Seite,
die er niemandem zeigt.

– Mark Twain –

Wer Alkoholismus als Krankheit bezeichnet, sollte nicht vergessen, dass er sich innerhalb nur einer Woche selbst heilen kann. Weil ein gesunder Körper nur fünf Tage benötigt, um den Alkohol abzubauen. Wer dann wieder anfängt zu trinken, hat nicht begriffen, was Heilung von einer Sucht bedeutet: Hände weg vom Suchtauslöser!

Kaum eine Lüge wird so oft im Brustton der Überzeugung gesprochen wie: »Ich Alkoholiker? Aber ich bitte Sie, niemals!« Es folgt der gebetsmühlenartig wiederholte Text: »Ich kann jederzeit aufhören.«

Wirklich?!

Wenn Sie diese Frage mit einem ehrlichen Ja beantworten können, ist Ihre Abstinenzwoche eine Streicheleinheit außer der Reihe für Zunge, Mund- und Rachenraum, Speiseröhre, Bauchspeicheldrüse, Leber und last, but not least Ihr Hirn, Ihre Haut und Ihre Haare.

Dazu ein Auszug aus WELT KOMPAKT:

Bleibende Schäden

Schon maßvoller Alkoholkonsum (0,3 l Bier, 100 ml Wein oder ein Schnaps) wirkt sich auf das Gehirn aus: Das Blickfeld wird verengt, die Reaktionszeiten verlangsamen sich. Bereits 50 g Ethanol täglich – etwa ein Liter Bier – hinterlässt bleibende Schäden.

Beginnen wir mit einem einfachen, höchst effizienten Test: Woran erkennt man den Alkoholabhängigen? Er kann sich nicht kontrollieren und die selbst gewählte Menge von ein oder zwei Gläsern Wein/ Bier etc. pro Tag nicht ein Vierteljahr lang einhalten. Weil er süchtig ist. Er erfindet tausenderlei Ausreden, warum er mehr trinken muss, und belügt damit erstens sich und zweitens seine Umwelt, von der die meisten zwar ausgiebig über ihn, aber die wenigsten noch mit ihm reden, weil er häufig alles besser weiß, sich oft im Ton vergreift und zu allem Überfluss ein- und dieselbe Geschichte mindestens fünfmal erzählt.

Die amerikanische Reporterin der »New York Times« *Nan Robertson*, ehemals alkoholabhängig, erhielt für den Times-Artikel über ihren Alkoholismus den Pulitzer-Preis. Von ihr stammt das Buch: *Die Anonymen Alkoholiker.* Leider ist es nur noch antiquarisch zu erhalten, aber die Suche lohnt sich! Wer es nach dieser Lektüre nicht schafft, seinen Alkoholkonsum zu reduzieren beziehungsweise ganz mit der Betäubung aufzuhören, bedarf dringender Hilfe, wobei *Nan Robertson* ausdrücklich vor Psychologen warnt, die, bevor sie sofortige Abstinenz fordern, das Warum, schlimmstenfalls über Jahre, erforschen. Was bitte soll – 2008 wieder aus der Mottenkiste der Psychologie gezaubert – »kontrolliertes Trinken« für *Süchtige*? Ich halte derlei Versuche für fragwürdig und höchst gefährlich.

Im örtlichen Telefonbuch und im Internet finden Sie mittlerweile weltweit Ihren Ansprechpartner bei den Anonymen Alkoholikern (AA) samt Unterorganisationen wie denen für Angehörige und speziell für Kinder von Alkoholikern. Der Mensch am Telefon kennt Ihr Schicksal, war er doch einst so abhängig wie Sie. Die AA, so die internationale Abkürzung für Anonyme Alkoholiker, befreien sich mit einer bemerkenswert einfachen Formel vom Alkohol. Sie sagen: **Nur heute lasse ich das erste Glas stehen.**

**»Nur heute« ist eine Zauberformel für alles,
was Sie sich an- oder abgewöhnen wollen.**

Nur heute freundlich zu X sein. Nur heute Obst anstelle von Süßigkeiten essen. Nur heute Morgen eine halbe Stunde zügig gehen. Nur heute, nur heute, nur heute.

Und morgen?
Da sagen Sie wieder: nur heute.

Und übermorgen?
Dito.

»Nur heute« ist eine Formel, die Ihr Leben grundlegend verändern kann.

Zurück zum Alkohol, dessen chemische Formel C_2H_5OH lautet. Der Alkoholiker zerstört nicht nur sich und seine Familie, er ist auch extrem Ekel erregend. Ich möchte über das schreiben, was leider meistens verschwiegen wird: Weil er seine Muskeln nicht mehr unter Kontrolle hat, tritt aus allen Körperöffnungen das ihnen eigene Sekret beziehungsweise Erbrochenes und Exkremente. Gewöhnlich gleichzeitig.

Bei uns in Hamburg nennen Mediziner den Ausnüchterungsort, die *Zentralambulanz für Betrunkene,* »Cognac-Ranch«. Was das Schlimmste dort ist? Der Gestank.

Ein Gesicht wie eine Straßenkarte? In den meisten Fällen Ethanol.
»Grundlos« erhöhte Cholesterinwerte? C_2H_5OH.

Krebs überall, womit der Alkohol in direkten Kontakt kommt, und – seit kurzem belegt – ein erhöhtes Brustkrebsrisiko für Frauen? Öfter als bekannt: siehe oben.

Wasser in den Beinen? Unter Umständen: Alkohol.

Ausgetrocknete Steckenbeinchen? In vielen Fällen C_2H_5OH.

Bierbauch? Wovon wohl?

Lallen bis zum Sabbern mit Ton? Ethanol oder andere Drogen, wenn keine Hirnkrankheit vorliegt.

Übersteigerte Aggressionen? Sehr oft: Alkohol.

Unerklärliche Depressionen? Häufige Ursache: Ethanol.

Selbsthass? In vielen Fällen: Ethanol.

Lügen, dass sich die Balken biegen. Antwort: siehe oben.

Schlaflosigkeit, unerklärliche Ermüdung? Oft hervorgerufen durch Alkohol. 0,8 Promille entsprechen schließlich einer durchwachten Nacht.

Potenzprobleme beziehungsweise Trockenheit der Scheide, gelbliche Handinnenflächen, aufgedunsenes Gesicht, Delirium? Ursache: das gesellschaftlich anerkannte Betäubungsmittel und Zellgift Ethanol, besser bekannt als Alkohol.

Die Erfinder und Macher so genannter Ekel-Realityshows sind meiner Ansicht nach Perverse. Anstatt Möchtegernsternchen und andere mit lebenden Würmern zu füttern, sollten diese Geistfreien, wenn's denn sein muss, ihr Ekel-TV dort ansiedeln, wo es zur abschreckenden Aufklärung beiträgt. Siehe oben.

Eine Woche ohne Alkohol ist eine preiswerte Schönheitskur. Haut, Haare, Verstand regenerieren sich. Nieren und Leber danken, dass sie nicht Extraentgiftungsschichten fahren müssen. Wie? Munterkeit anstelle von Müdigkeit, Schlaf statt Schlaflosigkeit, Erinnerung statt Gedächtnislücken und allzeit fahrbereit.

In Spanien reagiert der Gesetzgeber mit aller Härte auf Alkoholismus: »... Alkoholsündern (mehr als 1,2 Promille) drohen in Spanien künftig bis zu fünf Jahren Haft. Dies sieht die Reform des Strafgesetzbuches vor.« (dpa) – Allein die Schäden für die Volkswirtschaft, die auf Alkoholmissbrauch beruhen, betragen laut WELT ONLINE in Deutschland 22 Milliarden Euro pro Jahr. Wer mit Alkohol, aus welchem Grund auch immer, nicht umgehen kann, muss das erste Glas stehen lassen. Sie gehen schließlich auch nicht auf einem Hochseil spazieren? Warum? Weil der Absturz vorprogrammiert ist.

Solange es viele Millionen Menschen gibt, die dank der Anonymen Alkoholiker, der Guttempler und anderer Einrichtungen und Selbsthilfegruppen trocken geworden sind, weil sie es wollten, so lange hält sich mein Mitgefühl für Alkoholiker in überschaubaren Grenzen. So lange auch spreche ich – im Gegensatz zu den Medizinern, die selbst zu den Risikogruppen zählen – nicht von Alkoholkranken. Jeder Mensch, der zum Beispiel an Multipler Sklerose, Rheuma, Krebs, Epilepsie, Paranoia und anderen nicht selbst verursachten Krankheiten leidet, würde liebend gern mit Disziplin in fünf Tagen gesund werden und sich diesen Status mit einem Nein danke erhalten. Hierzu Johann Wolfgang von Goethe: **Wer sich nicht selbst befiehlt, bleibt immer ein Knecht.**

Zum Schluss noch ein Motivationsverstärker: Stecken Sie das Geld, das Sie bisher für Wein, Bier & Co. ausgegeben haben, in ein Sparschwein, von dessen Inhalt Sie sich am Ende der Woche etwas leisten werden.

Hiermit verspreche ich,

_____ ,

mir, vorerst eine Woche lang auf Alkohol
zu verzichten.

_____

Ort

_____

Datum

_____

Unterschrift

Vertrag Nr. 10

BITTEN – BETEN,
GEBET – gebet

**Wer betet, formuliert seine Wünsche
ohne Wenn und Aber. Das schenkt Klarheit,
Hoffnung und Erfüllung.**

Gebet und Meditation sind Geschwister.

**Wenn Gott auf der Fünftagewoche bestanden
hätte, gäbe es heute keine Menschen.**
– Oliver Pratt –

Bitte schreiben Sie zunächst das Wort Gebet klein wie in der Über-
schrift. Nun wird daraus »gebet«, woraus genau genommen folgt,
dass Sie sich, weil es sich um einen Plural handelt, an mindestens
zwei göttliche Wesen wenden. Dabei handelt es sich sicher um
eine Reminiszenz an die heidnischen Götter, bei denen es eine
klare Aufgabenteilung gab. Venus zum Beispiel war als Göttin der
Liebe für genau dieses Ressort zuständig, Mars bearbeitete als
Kriegsgott das Gegenteil.

Im Christentum sprechen wir von der Dreieinigkeit: Vater, Sohn
und Heiliger Geist.
Trotz dieser Dreiteilung richtet sich das Gebet der Gebete allein
an den pater noster, unseren Vater im Vaterunser. Ich glaube den
Grund zu kennen: Ein Bittender, Wünschender, Suchender vertraut sich lieber einer Person als einem Gremium an. Den Beweis

für meine Annahme liefern Kinder. Die laufen bei Kummer zu Mama oder Papa, zu Opa oder Oma, zu Onkel oder Tante. Kleine Kinder haben gewöhnlich eine Person, zu der ihr Bezug besonders ausgeprägt ist, die sie – vice versa – mehr als andere prägt. Kein kleines Kind wird den Familien- oder Ältestenrat zusammentrommeln und geduldig abwarten, bis der Rat sich mit seinem Anliegen auseinandergesetzt hat und zu einer mehrheitlichen Abstimmung gelangt.

Im Gebet sind wir alle wie Kinder, die vorbehaltlos ihre Wünsche aussprechen. Niemand belauscht uns, niemand kritisiert, tadelt, ermahnt uns. So gesehen wird das Gebet zur ehrlichsten Wunschformulierung, die klare Prioritäten setzt.

Um beten zu können, bedarf es keiner Religionsgemeinschaft oder -zugehörigkeit. Viele Menschen gehen in die Natur, um dem Meer, den Wolken, der Sonne, dem Mond, den Sternen, Wäldern, einzelnen Bäumen, einem Berg oder Gebirge, einem Bach, Fluss, Strom oder auch den Geistern der Lüfte und Wasser ihre Sorgen, die zu ihren Wünschen, Gebeten führen, anzuvertrauen. Wieder andere glauben an Schutzengel und Feen, die Kraft des Feuers. Ich bin bestimmt nicht die Einzige, die zum Grab ihrer Mutter geht, um mit der Vertrauten wie früher alles zu besprechen. Mit dieser Form des Selbstgesprächs verschaffe ich mir Klarheit und motiviere mich.

Es gibt so viele Formen des Betens, wie es Menschen gibt. Wählen Sie Ihre! Die Aborigines zum Beispiel tun nichts, sie setzen sich ruhig hin und warten auf Antworten. Andere Volksstämme tanzen sich in Trance, um sich für Eingebungen zu öffnen.

Viele Menschen verknüpfen ihr Beten mit einem Ritual wie dem Morgen- und/oder Abendgebet an derselben Stelle: unterm Hauskreuz, vor ihrem Tabernakel oder an einem anderen besonderen Platz, seitdem die Mehrzahl der Gotteshäuser überwiegend geschlossen ist. Andere zünden sich zum Beten eine Kerze an, wieder andere umarmen einen Baum und schicken ihre Gebete in den unendlichen Raum. Oft auch gehen Meditation und Gebet ineinander über und werden täglich vor dem Frühstück vollzogen.

Der Religionsgläubige kennt das Dankgebet und wird es sprechen. Ich bin der Meinung, ein Danke in den Äther oder wohin auch immer zu schicken, gehört sich auch für die anderen. Es ist ein Danke an die Schöpfung, an die Evolution. Auf jeden Fall ein Danke ans Leben.

Hiermit verspreche ich,

_____ ,

mir, regelmäßig auf die mir genehme Art nach
dem von mir festgelegten Ritual zu beten.

_____

Ort

_____

Datum

_____

Unterschrift

Vertrag Nr. 11

ZIVILCOURAGE

**Mut ist nichts anderes als Angst,
die man nicht zeigt.**

– Sergio Leone –

Erfolg ist Mut zum kalkulierten Risiko.

**Niemand hätte je den Ozean überquert,
wenn die Möglichkeit bestanden hätte,
bei Sturm das Schiff zu verlassen.**

– Charles F. Kettering –

Dummheit macht Quote. Wie sonst ist es zu erklären, dass un-
verantwortlich Handelnde das TV-Niveau von Jahr zu Jahr nivel-
lieren? 250.000 Tote/Ermordete bis zum Abitur. Das sind bis
zum Lebensende 1.000 000 Gemeuchelte. Ohne zusätzliche Kil-
lerspiele bei normalem Fernsehgebrauch. Mich stört das Wort
»normal« in derlei Statistiken. Wenn Mord und andere Gewalt-
verbrechen tagtäglich schon im Vorabendprogramm der gewohnten Unterhaltung dienen, ist daran nichts normal. Im
Gegenteil, derlei ist krank, und zwar in erschreckendem Maße.
Sollten die Macher und deren Anhänger allesamt Sadisten sein,
von denen es zugegebenermaßen Millionen gibt, was uns die
Befehlsausführer von Hitler, Stalin, Mao Zedong, Dschingis Khan
und zahllosen Zeitgenossen beweisen? Ohne Gefolgschaften,
oder sollte ich Ge*volk*schaften schreiben, wären Völkermorde
nicht möglich.

Wo die Achtung vorm Leben fehlt, haben Polit- und andere Verbrecher leichtes Spiel. Deshalb beinhaltet der Begriff Zivilcourage stets die Achtung vorm Leben in jeglicher Form. Wie aber soll ein Kind die lernen, wenn seine Eltern den Gewalteinheitsbrei nach dem Rezept „Je brutaler, desto erfolgreicher» als Quotenvieh mittragen?! Zivilcourage beginnt damit, sich gegen derlei Unterhaltung zu wehren. Sie können die Flachglotze abschalten, Sie können auf Zeitungen und Zeitschriften, die »den Kannibalen« als Aufmacher ausschlachten, weil er ihren Redakteuren wichtig erscheint, verzichten. Sie wissen doch: **Je höher die Bildung, desto geringer der Fernsehkonsum**. Mir ist meine Zeit für Dauermord zu schade, weil Zeit Leben ist. Ich habe nicht grundsätzlich etwas gegen Krimis, aber reicht es nicht, wenn die Kamera beispielsweise das Gesicht des entsetzten, angewiderten, erschrockenen, ängstlichen Finders der jeweiligen Leiche zeigt, seine zitternden Hände, geschlossenen Augen etc.? Anstelle von Blutseen, kraterartigen Einstichen, eitrigen Verstümmelungen, abgetrennten Gliedmaßen und so weiter? Es geht beim Film doch vorrangig um die Geschichte. Und unsere Schauspieler sind allesamt so gut, dass sie mit feinsten Ausdrucksnuancen faszinieren können.

Zivilcourage und Gaffen sind Antipoden. Gaffer sind abstoßend verantwortungslos, weil sie sich Unfälle zum Lustgewinn – »Schau*lust*ige« – ansehen, Helfer behindern und einen Grad an Primitivität erreicht haben, der nur mit einem IQ zu entschuldigen wäre, der sich im Minusbereich bewegt. Der Couragierte ruft den Rettungsdienst an, sichert gleichzeitig die Unfallstelle, leistet erste Hilfe, sofern er sie beherrscht, und bleibt beim Unfallopfer, bis der Rettungswagen eintrifft.

Durch die Massen an Medienmorden nehmen Abstumpfung und Verrohung exorbitant zu. Wenn dann eine Frau in einer vollen S-Bahn, geschehen in Hamburg, vergewaltigt wird, drehen sich die meisten Mitfahrer weg. Geht mich nichts an. Ich zappe mal auf Landschaft und schaue zum Fenster hinaus. Wer so handelt, ist ein jämmerlicher Feigling. Wenn einer eine Frau vergewaltigt, und zehn kräftige Männer sehen »zufällig« aus dem Fenster, sind diese auch vor dem Gesetz – unterlassene Hilfeleistung – schuldig. Der Couragierte schreitet ein, zieht die Notbremse, spricht Helfer gezielt an: »Sie, ja, Sie im roten Fliegerblouson, bitte helfen Sie mir. Und Sie auch ...«

Wer nicht einschreitet, indem er per Handy die Polizei holt, um Hilfe ruft, es sei, er wird selbst vom Täter (mit einer Waffe) bedroht, ist über das Stadium grölender Römer bei der Christenverfolgung nicht herausgekommen.

Die Deutschen sind als Tierfreunde bekannt, der Tierschutz ist in unserem Gesetz verankert, obwohl sich meiner Ansicht nach jeder, der sein Tier nicht artgerecht hält, die Hucke voll lügt, weil seine Tierliebe nichts anderes als getarnter Egoismus ist. Vögel in Käfigen oder an Lederriemen? Große Hunde in kleinen Wohnungen? Hamster, Hasen, Mäuse, Ratten auf Parkett? Schlangen, Spinnen, Skorpione in Terrarien? Fische in Vasen und anderen Behältern? Treibjagd? Massentierhaltung zur *Fleischerzeugung, -produktion* oder *-herstellung* – deutlicher als durch die Sprache kann man die Verachtung der Kreatur nicht ausdrücken – ist ein Verbrechen. Daran führt kein Argument vorbei. Die katholische Kirche degradierte Tiere zu Sachen, was jeder Italien- und Spanientourist an der Menge streunender, bis auf die Knochen abgemagerter Hunde und Katzen sowie an den Netzen, mit deren Hilfe Italiener Millionen Singvögel fangen, um sie als Delikatesse zu servieren, erkennt. 2008 machten die Schweizer einen Riesensprung in Richtung Tierschutz. Hasen, Meerschweinchen, Vögel u. a. dürfen nur noch paarweise abgegeben und gehalten werden. Die Schweiz hat die direkte Demokratie. Der »einfache« Bürger ist nicht so grausam, wie man es ihm weismachen will. Es ist ein Akt von Zivilcourage, sich für die Sprach- aber beileibe nicht Hirn- und Gefühllosen einzusetzen!

Es ist ein Akt von Zivilcourage, sich gegen einen Klerus zu wehren, der Aids segnend hinnimmt, Kondome verbietet und Sexualstraftäter – häufig Kinderschänder – versetzt, anstatt sie anzuzeigen. Vergewaltigungen von Kindern und Erwachsenen verjähren nur in den Hirnen der Täter, die Opfer aber leiden lebenslang. Ich bezweifle, dass derlei *in nomine patris et filii et spiritus sancti* geschieht. Jedem Neurologen ist bekannt, dass der Geist des Menschen im Alter abnimmt. Dann, wenn andere sich längst im Ruhestand befinden, kann man erst Papst werden. Die Folgen davon sind weltweit erfahrbar. Ich wünsche mir, wenn's denn sein muss, einen jungen, dynamischen Papst, der darauf verzichtet, Gottes Stellvertreter sein zu wollen, der die Gemeinsamkeiten aller unterschiedlichen Glaubensrichtungen hervorhebt anstelle der Unterschiede und der Maria von ihrer widernatürlichen Geburt als Jungfrau befreit. Ich wäre auch mit einer Päpstin, einer Papessa, einverstanden, aber bitte alles ohne den Zölibat und die daraus folgende Heimlichtuerei, weil der Mensch nachweislich nicht nur aus Geist besteht.

> **Es würde viel weniger Böses auf Erden getan,**
> **wenn das Böse niemals im Namen**
> **des Guten getan werden könnte.**
> – Marie von Ebner-Eschenbach –

Sie wollen sich – vorerst – eine Woche lang in Zivilcourage üben? Dann rufen Sie die Polizei lieber bei Verdacht auf – zum Beispiel – Verwahrlosung von Kindern einmal zu viel an, als sich durch Feigheit und Bequemlichkeit mitschuldig zu machen. Glücklicherweise gilt diese Bitte noch für Deutschland und einige seiner Nachbarn, ist aber in den meisten Ländern unserer Erde fehl am Platz, weil Justiz und Polizei, verbündet mit Politik und Medien, zu den Korruptesten gehören. (Global Transparency)

Sprechen Sie vor Kindern nicht von »Bullen«. Kinder müssen die Polizei als Freund und Helfer kennen lernen, weil sie sonst in einer Notsituation orientierungslos sind. Verbessern Sie unüberlegt plappernde Erwachsene. Zeigen und üben Sie Zivilcourage im Kleinen!

Jeder Krieg ist eine Verletzung der Menschenrechte, die auch ohne Krieg von fast allen Völkern der Erde mit Füßen getreten werden. Es ist ein Akt von Zivilcourage, *Amnesty International*,

Human Rights Watch, der *Internationalen Gesellschaft für Menschenrechte* und anderen gleichwertigen Organisationen beizutreten.

Wer in Deutschland gegen das durchlässige Atommüllendlager Asse demonstriert, besitzt Zivilcourage.

Es ist ein Akt von Zivilcourage, sich *attac,* der Vereinigung der Globalisierungsgegner, anzuschließen.

Es ist ein Akt von Zivilcourage, *Greenpeace,* dem *WWF* und anderen gleichwertigen Organisationen beizutreten.

Es ist ein Akt von Zivilcourage, für *Terre des Femmes* (diese Organisation tritt gegen Zwangsverheiratungen von Mädchen ein) und andere gleichwertige Organisationen einzutreten.

Es ist ein Akt von Zivilcourage, sich *Rüdiger Nehberg* und seiner Organisation *TARGET* anzuschließen, deren Mitglieder weltweit gegen die Beschneidung von Mädchen kämpfen.

Es ist ein Akt von Zivilcourage, sich gegen Mediziner zu wehren, die pfuschen. Mit dem Wort »Kunstfehler« kann ich nichts anfangen. Dazu Robert Koch: **Wenn ein Arzt hinter dem Sarg seines Patienten geht, so folgt manchmal tatsächlich die Ursache der Wirkung.**

Es ist ein Akt von Zivilcourage, wenn Krankenhausmediziner sich dagegen wehren, ihren Arbeitsplatz als reines Profitcenter zu betrachten.

Es ist ein Akt von Zivilcourage, *foodwatch* (hier werden Nahrungsmittel auf gesundheitsschädigende Stoffe überprüft) und andere gleichwertige Organisationen zu unterstützen.

Es ist ein Akt von Zivilcourage, *Business Crime Control* (hier wird Wirtschaftskriminalität bekämpft) oder die Antikorruptionsbehörde *Transparency International* bei Verdacht auf derlei Delikte oder dem Wissen um diese Verbrechen zu informieren.

Es gibt Staaten, in denen werden »Whistleblowers«, Leute, die Alarm schlagen, und sei es anonym, geschützt. In anderen bezeichnet man sie als Denunzianten. Ohne die Whistleblowers wären Korruption, Geldwäsche, Menschenhandel, Sklavenhaltung, Kinderprostitution, Betrug, Organhandel und leider vieles andere mehr, und zwar international auf sehr großem Fuß, niemals an die

Öffentlichkeit gelangt. Zu diesem Thema empfehle ich die Bücher von Jürgen Roth. Jürgen Roth besitzt Zivilcourage. Ebenso wie viele investigative Journalisten. Ihnen sollte man *Denk*mäler setzen, nicht irgendwelchen fragwürdigen Herrschern.

Und wenn Sie von allem die Nase voll haben, bleibt Ihnen in einer Demokratie immer noch, selbst in die Politik zu gehen, die Dinge beim Namen zu nennen und sich als couragierter Volksvertreter für Schwache einzusetzen, die Wirtschaft anzukurbeln und die Zahl der Bürokraten und Lobbyisten *mindestens* ebenso zu minimieren wie deren überflüssige, oft völlig sinnfreie Vorschriften. Wenn Sie sich dazu entschließen, in Ihrem Staat etwas zu bewegen, sollten Sie sich ehrlich fragen, auf welchem Gebiet Sie anderen so überlegen sind, dass Sie gestalterisch anstelle von nur verwalterisch tätig werden können. Für mich ist jeder Politiker ein Versager, der nicht auf Bildung setzt, sich nicht gezielt gegen Kriminalität wehrt und Steueroasen nicht gnadenlos aushebt.

Zum Schluss ein Wort Bertolt Brechts zur Zivilcourage:

Wer A sagt, muss nicht B sagen.
Er kann auch erkennen, dass A falsch war.

Hiermit verspreche ich,

_____ ,

mir, mich ab heute couragiert zu verhalten.

_____
Ort

_____
Datum

_____
Unterschrift

Vertrag Nr. 12

ZUHÖREN

**Die meisten Differenzen in der Ehe
entstehen dadurch, dass die Frau zu viel redet
und der Mann zu wenig zuhört.**
– Curt Goetz –

Zuhören hilft, Vorurteile abzubauen.

Die Sprache verrät jeden.

Der erste Sinn des Menschen, der schon im Mutterleib funktioniert, ist das Gehör, weshalb es außerordentlich wichtig ist, sich während der Schwangerschaft und natürlich auch danach so zu verhalten, dass dieser Sinn keinen Schaden nimmt. Ich bin davon überzeugt, dass der werdende Mensch u. a. über sein Gehör alle Emotionen seiner Mutter und der sie umgebenden Menschen aufnimmt. Wie soll der Embryo, dessen erster Rhythmus der Herzschlag seiner Mutter ist, der von seinem eigenen ergänzt wird, in Ruhe wachsen, wenn beispielsweise Technobeat seine Orientierungs-Rhythmen übertönt?

Wird ein Mensch geboren, hören ihm alle anderen zu. Der erste Schrei ist ein Geschenk. Das Gebrabbel wird gedeutet und ausgelegt. Das erste Wort, in der Regel »Mama«, wird gefeiert. Diese Art des Zuhörens schafft jede Menge Urvertrauen, weil ein Mensch, dem andere zuhören, wichtig ist, zuge*hör*ig. Wir werden alle als VIPs, Very Important Persons, sehr wichtige Personen, geboren, und die sind sich der Achtung, Beachtung und Anerkennung anderer sicher. Zumindest in zivilisierten Familien und Gesellschaften.

Leider verliert sich dieses Verhalten oft, wenn Angst, Sorge, Neid, Stress und Frustration zunehmen. Frustration erzeugt Aggression, und die wird oft an den Schwächsten, den Kindern, ausgelassen. Und keiner hört deren offene oder verschlüsselte Hilferufe. Dabei steht doch eines fest: Kinder haben ein Recht, erhört zu werden! Und Erwachsene die Pflicht, sich schützend vor sie zu stellen. Sie selbst können viele Streitereien vermeiden, wenn auch Sie einander zuhören, bevor das Fass überläuft, was natürlich impliziert, seinen Gesprächspartner als solchen zu behandeln und ausreden zu lassen. Denn: **Zuhören ist die Grundlage jeden Verständnisses.**

Die Stimme eines Menschen sagt viel über ihn aus. Seit geraumer Zeit piepsen viele Frauen wie Kleinkinder. Wollen diese Weibchen (plus/minus vierzig) ewig Kind bleiben, was heißt, die Verantwortung für ihr Leben – wie vormals an die Eltern – abgeben? Wollen die schrill Tönenden Daueraufmerksamkeit und Macht? Jeder gesunde Mensch kann an seiner Stimme arbeiten. Dazu bedarf es nichts als erstens Ehrlichkeit sich selbst gegenüber und zweitens Übung. Schon ein einfaches Diktiergerät, das man beim Telefonieren mitlaufen lässt, zeigt die eigene Sprechweise. Wenn die Ihnen nicht gefällt, dann gibt es nur eines: verbessern und üben. Oder, wenn Sie Ihre Stimme perfektionieren wollen, sich an einen Schauspiel- oder Gesangslehrer zu wenden.

Dauernd »vielleicht«, »eventuell«, »kann ich nicht sagen« entlarvt den Unentschiedenen.

Immer »entweder ... oder«, »schwarz oder weiß« weist den kompromisslosen Rechthaber aus. Bei jungen Menschen verzeihlich, oder wie Mark Twain es ausdrückte: **Wir haben alle einmal groß angefangen.** Bei allen anderen peinlich und, das zeigt die Geschichte, gefährlich.

Hinter Spott, Zynismus, Sarkasmus verbergen sich häufig einsame Menschen. Fragen Sie denjenigen, der andere herabsetzt und/oder vorführt, ob er derlei nötig hat. Der Kluge wird Ihnen, wenn auch

Zähne knirschend, für diese Frage danken, weil sie ihm zeigt, worin sein Mangel an Anerkennung, Beliebtheit, Freundschaft beruht. Denn darum geht es letztendlich bei allem, was wir tun und lassen, um – zusammengefasst – Bedeutung und Anerkennung. Der Dumme wird Sie maßregeln. Gewonnen haben Sie auf jeden Fall, einmal einen Menschen, der Sie achtet, das andere Mal eine Erkenntnis, die Sie handeln lässt: Sie werden diesen Menschen nicht mehr ernst und seinen Spott nicht persönlich nehmen.

Woran erkennt der gute Zuhörer den teamfähigen Menschen? Ganz einfach, der sagt ich, wenn er ich meint und wir, wenn er wir meint. Der Egomane sagt auch dann noch ich, wenn andere einen Erfolg erarbeitet haben. Der Egoist und der Egozentriker stehen ihm in nichts nach. Ego ist lateinisch und heißt ich.

Zuhören schafft Vertrauen, wobei es selbstverständlich ist, Gesagtes nicht weiterzuerzählen.

Zum Schluss noch ein Hinweis: Viele Hörstürze könnten durch ausreichende – anderthalb Liter mindestens pro Tag – Flüssigkeitszufuhr vermieden werden. Und außerdem sehe ich nicht ein, dass die Solidargemeinschaft gezwungen wird, für Hörschäden bei Jugendlichen aufzukommen, die durch ohrenbetäubende – darin steckt das Adjektiv taub – »Musik« entstehen. Dafür mögen bitte die Veranstalter mit einem Gehör-Soli zur Kasse gebeten werden.

Hiermit verspreche ich,

_____ ,

mir, ab heute genau hinzuhören.

_____
Ort

_____
Datum

_____
Unterschrift

Vertrag Nr. 13

ICH VERZICHTE AUF ÄH, ÄHM, SOZUSAGEN, ALSO & CO.

Sprache ist verlängertes Denken.

Ein Volk, das sich nicht bemüht, seine Sprache rein zu halten, ist wie ein Mensch, der keine Körperpflege treibt.
– Ernest Lacaze –

Viele Menschen sind zu gut erzogen, um mit vollem Mund zu sprechen, aber sie haben keine Bedenken, dies mit leerem Kopf zu tun.
– Orson Welles –

Wer seine Sprache mit Füllseln anreichert, macht erstens auf seine Unordnung im Kopf aufmerksam und ist zweitens eine Zumutung für jeden Zuhörer.

Dieser Vertrag ist leicht zu erfüllen, und so lassen Sie uns ein wenig spielen: Bitte legen Sie ein Extrablatt Papier neben Ihr Telefon, und geben Sie sich für jedes Äh, Ähm einen Strich. Zehn Striche entsprechen einem Euro, den Sie verschenken: einer wohltätigen Organisation, einem Obdachlosen, der Kirche, Ihren Kindern etc. Bitte legen Sie vorher genau fest, wer Ihr Strafgeld erhält, und seien Sie sich selbst gegenüber ehrlich. Nach etwa drei Tagen gehören Ihre Äh, Ähms bis auf wenige Ausrutscher der Vergangenheit an.

Auf zum nächsten Punkt: *Sozusagen* und *Ich möchte (mal) sagen.*

Fangen wir mit dem Letzten an. Ich kann mir nicht vorstellen, dass Sie Ihre Briefe, Mails, SMS folgendermaßen beginnen: *Ich möchte (mal) schreiben, sehr geehrter Herr Schröder ...* Nein, Sie schreiben. Das reicht. Genauso ist es mit dem Sprechen. Es reicht, dass Sie sprechen. Die Ankündigung, dass Sie sprechen wollen, ist genauso überflüssig wie ein *Äh, Ähm* und das sächsische *Nicht wahr?*

Zum *Sozusagen:*

Meiner Ansicht nach ist dieses Wort in 99 Prozent aller Fälle unnütz. Ob *sozusagen* gebildet oder *sozusagen* ungebildet, ist *sozusagen* egal.

Äh, Ähm bedeutet Nachlässigkeit, *sozusagen* und *Ich möchte (mal) sagen* Gedankenlosigkeit, und *also ... also,* das gern zu *asso ... asso* mutiert, Schlamperei.

Bitte merzen Sie Ihre Unwörter *nacheinander* aus. Sie können zwar unendlich viele Sinneseindrücke auf einmal aufnehmen, aber unser Denken verläuft weitgehend linear: Ein Schritt nach dem anderen.

Für jedes *Sozusagen* und *Ich möchte (mal) sagen* spenden Sie einen Euro.

Ich glaube, Sie werden erschrecken, wie schlampig Sie mit Ihrem wichtigsten Kommunikationsinstrument, der Sprache, umgehen.

Machen Sie sich bitte klar: Der Mensch ist das einzige sprachbegabte Wesen der gesamten Schöpfung/Evolution. Es ist die Fähigkeit zu sprechen, zu schreiben, die uns im Wesentlichen von den anderen Tieren unterscheidet.

Vor kurzem las ich in der Zeitung: **Wo die Kommunikation aufhört, hat die Welt ihre Grenzen erreicht.**

Eine gepflegte Sprache ist ein Aushängeschild, und Ihre Ähms & Co. sind nichts weiter als störende Angewohnheiten, wozu auch das Lispeln, sofern nicht krankheitsbedingt, zählt. Ich weiß, wovon ich spreche, hatte ich doch als Kind eine lispelnde Klassenkameradin so lange nachgemacht, bis ich selbst lispelte. Zum Glück hat meine Mutter das nicht durchgehen lassen und mir immer wieder gesagt, dass meine Zunge beim S *nicht* an oder zwischen die Zähne gehöre, sondern an den vorderen Obergaumen. Außerdem drückte sie mir einen Spiegel in die Hand, damit ich die Stellung meiner Zunge beobachten konnte. Nach einer knappen Woche war ich die Lispelei wieder los und zeigte meiner Klassenkameradin den Trick mit dem Taschenspiegel, worauf auch sie aufhörte zu lispeln.

Bei unserem Spiel mit dem Strafgeld handelt es sich um die klassische Win-Win-Situation: Es gibt zwei Gewinner. Schon deshalb macht es Spaß. Das ist das grundsätzlich Angenehme an Verträgen: Sie erleichtern das Leben durch klare Vorgaben, womit sie sich krass von Vorschriften unterscheiden, die von bundesdeutschen oder – noch schlimmer – EU-Bürokraten verfasst werden. Wollen oder können Bürokraten sich nicht verständlich ausdrücken? Oder sichern sie sich auf diese Weise Arbeitsplätze, die an Ineffizienz nicht zu überbieten sind und deren überflüssige Kosten wir alle zu tragen haben? Falls Sie zu dieser Spezies gehören, bitte ich Sie, schwimmen Sie gegen den Strom, sagen Sie nein und bedenken Sie: **Das Substantiv zu verständlich heißt Verstand**.

Hiermit verspreche ich,

_____ ,

mir, ab heute meine Sprache von Füllseln zu befreien und nicht zu verstümmeln.

_____
Ort

_____
Datum

_____
Unterschrift

Vertrag Nr. 14

HUMOR

Was Frauen an Männern am meisten schätzen?
Humor.
– Statistik –

Ich glaube, dass der Humor mehr im Kopf sitzt als
im Herzen. Dummköpfe sind humorlos.
– Leo Ramick –

Humor ist der Knopf, der verhindert,
dass uns der Kragen platzt.
– Joachim Ringelnatz –

Es gibt Menschen, die gewinnen selbst der traurigsten Situation ein Lächeln ab. Diese Menschen sind nicht stärker als Sie und ich, sie sind aber diszipliniert und verabscheuen Selbstmitleid, und so suchen sie nach dem Aspekt, der ihnen und anderen ein Lächeln oder Schmunzeln schenkt. Humorvollen Menschen stehen Vergleiche zur Verfügung, auf die andere nicht kommen, woraus folgt, dass Humor, Geist und Phantasie einander bedingen. Und: Humor verletzt nicht. Das überlässt er Spott und Zynismus.

Jeder kann sich darin üben, humorvoll zu reagieren, weshalb ich Sie bitte, eine Woche lang zu versuchen, auf provozierende Fragen humorvoll zu antworten und Vorwürfe humorvoll zu formulieren. Auf »Wer soll denn diesen Fraß essen?!« könnte die humorvolle Antwort lauten: »Wir, oder hast du jemanden eingeladen, an dem du dich rächen willst?« Anstatt Obiges lautstark von sich zu geben, hätte ein humorvoller Mensch sagen können: »Danke, Schatz, dass du mich daran erinnert hast, dass ich dir einen Kochkurs schenken wollte.« Oder: »Du wolltest zum Chinesen, stimmt's?«

In jedem Berufs- und Privatleben werden häufig die gleichen Fragen gestellt. Machen Sie sich die klar, und überlegen Sie sich humorvolle Antworten. Hier einige Beispiele: »Hast du dich erkältet?« »Nein, ich bin die Coverversion von Eartha Kitt.« Beziehungsweise Louis Armstrong.

»Geht's gut?« »Ja, wie immer, wenn ich Sie treffe.«

»Na, gestern versumpft?« »Und wie, kopfüber.«

»Warum ist schon wieder kein Papier im Kopierer?« »Weil ich nicht nur charmant, sondern auch vergesslich bin.«

»Ihnen geht stringentes Denken ab.« »Stimmt. Mein Kopf gleicht einer Wundertüte. Er ist auch für mich voller Überraschungen.«

»Etwas mehr Konzentration bitte!« »Mit etwas kommen wir heute nicht aus, Chef.«

»Warum hast du mich nicht angerufen?« »Ich wollte dir meine schlechte Laune ersparen.« »Und warum hattest du schlechte Laune?« »Weil ich dich nicht angerufen habe.«

»Du sprichst in Rätseln.« »Absicht, weil ich weiß, wie klug du bist.«

»Hast du dir schon wieder Schuhe gekauft?!« »Ja, auf Büchern kann man so schlecht laufen.«

»Du hast doch zugenommen?!« »Stimmt, ich wollte testen, ob du noch Augen für mich hast.«

»Kannst du nicht ein anderes Gesicht machen!« »Wenn ich das könnte, würde ich bei deinem anfangen.«

»Beeil dich, wir kommen sonst zu spät!« »Hast du schon *Die Entdeckung der Langsamkeit* gelesen?«

Humor erleichtert das Miteinander. Lachen heilt. Einer meiner Lieblingsdichter zählt zu den Königen des Humors: Mark Twain. Lesen Sie seine Bücher, merken Sie sich seine Formulierungen! Twain sagte unter anderem: **Als der liebe Gott den Menschen erschuf, war er schon müde. Das erklärt manches.** Weitere

Empfehlungen: Kurt Tucholsky, Curt Goetz, Robert Lembke, Joachim Ringelnatz, Heinz Erhardt, Wilhelm Busch, Peter Altenberg und viele andere.

Hiermit verspreche ich,

_____,

mir, mich darin zu üben, auf Provokationen humorvoll zu antworten.

_____

Ort

_____

Datum

_____

Unterschrift

Vertrag Nr. 15

DIFFERENZIEREN STATT PAUSCHALISIEREN

**Denken ist die schwierigste Arbeit, die es gibt.
Das ist wahrscheinlich auch der Grund, weshalb
sich so wenige Leute damit beschäftigen.**

– Henry Ford –

**Viele Menschen verstehen unter Denken
die Umgruppierung ihrer Vorurteile.**

– William James –

Zuerst eine sprachliche Klarstellung: pauschalisieren = sehr stark verallgemeinern, pauschalieren = zu einer Gesamtsumme zusammenrechnen. Differenzieren = Unterschiede betonen, abstufen, verfeinern.

Schubladendenker neigen dazu, allwissend zu sein. Ihre Pauschalurteile sind gefährlich und peinlich für denjenigen, der sich ihrer bedient. Wer »die Amerikaner« sagte und beispielsweise »die Bush-Administration« meinte, darf sich vice versa nicht darüber aufregen, wenn es heißt »die Deutschen sind Nazis, was man an den Vorgängen in Greifswald sieht«. »Die Amerikaner« packten Carepakete, um den Hunger der deutschen Zivilbevölkerung nach dem Zweiten Weltkrieg zu stillen, »die Amerikaner« haben nach Rassendiskriminierungen Menschen verachtendster Art einen Aufbruch verheißenden dunkelhäutigen Präsidenten ge-

wählt, dessen Motto *Yes we can* im krassen Gegensatz zu Dauer-
gejammer und Schuldzuweisungen steht.

Dieser Vertrag ist leicht zu erfüllen, seine Wirkung hingegen
enorm. Sie müssen nichts weiter tun als sich selbst zuhören. Im
Unrecht sind Sie immer, wenn Sie den Artikel »die«, verbunden
mit einem Urteil, vor einen Volksstamm setzen: die Russen, die
Chinesen, die Inuit, die Briten etc. Desgleichen hat der Artikel
»die« nichts vor einer Religionsbezeichnung zu suchen: die Katholiken, die Juden, die Protestanten, die Moslems, die Hindus, die
Buddhisten etc. Statt »die Chinesen nehmen uns unsere Arbeitsplätze«: »Eine Folge der Globalisierung ist es, dass Märkte in Län-
der verlegt werden, die wesentlich billiger produzieren als wir, wie
China, Indien, Rumänien usw.« Statt »die Mohammedaner sind
Terroristen«: »Fanatiker gibt es überall, aber es sind beileibe nicht
alle Moslems Extremisten«.

Nachdem Sie nicht mehr gefährlich pauschalisieren, werden Sie
derlei auch lassen, wenn es sich um geschlechtsspezifisches
Schubladendenken handelt. Bitte nicht: »Frauen können nicht ein-
parken«, sondern »meine Schwester hat Schwierigkeiten beim Ein-
parken«. Bitte umgekehrt ebenfalls nicht: »Männer sind wehleidig«,
sondern »mein Mann fürchtet bei jedem Schnupfen den Bestat-
tungsunternehmer«.

»Die Unternehmer«, »die Gewerkschafter«, »die Manager«, »die An-
gestellten«, »die Banker«, »die Politiker«, »die Kollegen«, »die Haus-
frauen« etc.? Nein, so urteilen Sie doch nicht, Sie denken, bevor
Sie sprechen, und werden allein dadurch zu einem geachteten
Gesprächspartner, was Oscar Wilde wie folgt ausdrückte: **Gesegnet seien all jene, die nichts zu sagen haben – und auch das für
sich behalten.**

Frisch Verliebte sind Meister im Differenzieren. Sie wissen
genau, worin sich der/die Angebetete von den übrigen Milliarden
Menschen unterscheidet. Sollten wir daraus folgern, dass Liebe
und Differenzierung unmittelbar zusammenhängen, einander

gar bedingen? Ich bin der Meinung, ja. Zumindest zu großen Teilen. Denn eines steht fest, Hass und Verachtung können neben Liebe nicht bestehen. Außerdem ist differenzieren können der Boden jeglichen Friedens, jeglicher Kreativität. Nichts für Dumpfbacken.

Hiermit verspreche ich,

_____ ,

mir, ab heute zu differenzieren.

_____
Ort

_____
Datum

_____
Unterschrift

Vertrag Nr. 16

GEFÜHLE ZULASSEN

Gefühl ist alles, Name ist Schall und Rauch.
– Johann Wolfgang von Goethe –

Der ist nicht fremd, der teilzunehmen weiß.
– Johann Wolfgang von Goethe –

**Da ich nicht reich bin,
bring ich dir viel in der Seele mit.**
– Johann Wolfgang von Goethe –

Dreimal Goethe, Dichterfürst, Geheimrat und immer wieder Lieben-
der? Absicht. Hätte Johann Wolfgang von Goethe seine Gefühle
nicht zugelassen, hätte er nie den Olymp der Dichter erklimmen können. Was sind Gefühle? Dinge, die wir erfühlen, ertasten können,
Zustände, die uns innerlich berühren: Freude, Leid, Glück, Trauer,
Schmerz, Wut, Ärger, Hass, Zweifel, Angst etc.

Frisch Verliebte sind mein Lieblingsumgang. Sie haben zwar nur
ein Thema, aber darüber reden sie mit ansteckender Begeisterung. Da meint man, sich schon seit Ewigkeiten zu kennen, dabei
handelt es sich um zwei Wochen, da sieht man nur die Vorzüge
des anderen, weil genau dieser eine Mensch keinerlei Nachteile
hat. Und weil man voller Glück ist, strahlt man es aus. Kummer,
Sorgen, Ängste verblassen, weil zwei kleine Wörter sich verbunden
haben: *ja* und *wir*. Auch wenn Sie womöglich heimlich verliebt
schweigen, Ihre Veränderung ist für alle anderen spürbar. Sie sind
zu jedem freundlich, Sie lächeln häufiger als sonst und sind in der

Regel toleranter. Liebe lässt sich nicht verstecken, sie lässt jeder gern zu. Anders steht es mit Wut und Hass. Und doch haben Sie sich entschlossen, auch sie zuzulassen, was keinesfalls bedeutet, dass Sie Rumpelstilzchen oder Diktator spielen werden. Fragen Sie sich zuerst, warum Sie wütend sind oder hassen. Handelt es sich um Ungerechtigkeit, Unfairness, Verleumdung oder einen körperlichen Angriff, sind Wut und Hass durchaus nachvollziehbar. Lassen Sie sie raus. Aber nicht am Nächstbesten, sondern am Verursacher, wobei unsere Zivilisation es erfordert, dass Sie sich ausschließlich mit dem Thema beschäftigen und keine weiteren Beleidigungen hinzufügen, die Sie klein machen. So ein Gewitter reinigt. Punkt. Nachgewitter und/oder -beben schwächen Sie nur, weil so ein Adrenalinbad nicht unter die Krampf lösenden fällt.

Warum nur lassen wir unsere Wut so oft an den uns Liebsten aus? Die Antwort ist einfach. Weil diese Menschen, häufig Eltern, uns so sehr lieben, dass sie uns immer wieder verzeihen und uns eben nicht verstoßen.

Das beste Antiwutmittel ist Schweiß treibender Sport. So ein Punchingball kann jede Menge Schläge ab. Wer den nicht hat und sich sofort abreagieren möchte, für den reicht es, die Treppen schnell rauf- und runterzulaufen.

Hass ist ein schreckliches Gefühl, und doch ist auch er nachvollziehbar. Ich gebe Ihnen einige Beispiele: Vergewaltigung, Inzest, Folter, erzwungene Prostitution, Mord, Raub, Betrug, Brandstiftung. Niemand hat das Recht, den Stab über Traumatisierte zu brechen. Die hassen, sofern sie dazu noch in der Lage sind. Wenn Sie zu denen gehören, gilt für Sie, sich unverzüglich fachärztliche Hilfe zu holen. Wenn Ihnen der behandelnde Psychiater, Psychologe unsympathisch ist, suchen Sie sich bitte sofort einen anderen. Das Bauchgefühl Vertrauen muss kein Traumatisierter mit dem Verstand korrigieren. Dazu ein Lichtblick: In der Hirnforschung arbeitet man fieberhaft daran, traumatische Erinnerungen löschen zu können. Erste vielversprechende Erfolge gibt es.

Wer noch keinen Menschen verloren hat, kann tiefe Trauer nicht nachempfinden. Wem noch nie vor Glück Flügel gewachsen sind, der wird vielleicht den Kopf schütteln, wenn ein anderer vor Glück auf der Straße tanzt. Wer hingegen Gefühle bei sich zulässt und akzeptiert, dass andere ebenso fühlen und er *keinesfalls* eine Ausnahme ist, bekommt das, was einfühlsame Menschen von berechnenden, nur analysierenden unterscheidet, leichter: Mitgefühl. Dieser Mensch kann sich in einen anderen hineinversetzen, was oft zu mehr Gelassenheit führt.

Begeisterung ist das Resultat des Gefühls Freude, Begeisterung steckt an wie ein Virus. Bestes Beispiel war die Wahl Barack Obamas, die Fußballweltmeisterschaft mit Jürgen Klinsmann als Bundestrainer. Hierzu ein Wort Augustinus': **Nur wer selber brennt, kann andere entzünden.**

Sie haben sich entschlossen, Gefühle zuzulassen, was heißt, dass Sie sich von der Fassade aus Unnahbarkeit, häufig gepaart mit Arroganz, verabschieden. Die sprichwörtliche Heulsuse, das Knopfdrucktränenweibchen und der distanzlose Choleriker lassen zwar ebenfalls Emotionen zu, sind aber eine Zumutung für alle anderen. Auch in diesem Fall gilt maßhalten. Zum Schluss Alexander Roda-Roda: **Sei sparsam: Hasse nicht, wo du mit Verachtung auskommst.**

Hiermit verspreche ich,

_____,

mir, Gefühle zuzulassen.

_____

Ort

_____

Datum

_____

Unterschrift

Vertrag Nr. 17

ALTERNATIVEN AUFZEIGEN

**Festgefahrene Meinungen sind
kopflastige Kolbenfresser.**

**Der Regenbogen ist die Alternative
zu monochrom.**

Einwegflaschen tragen oft Scheuklappen.

Wer sein Ziel erreichen will, sollte zumindest eine Alternative in petto haben. Diese Forderung ist jedem Kaufmann geläufig: Er wird seine Ware, seine Dienstleistung nicht nur einem potenziellen Abnehmer anbieten. Der Abnehmer hingegen hat nicht nur ein Angebot eingeholt und geprüft, bevor er sich entscheidet. Sie werden sagen: »Das ist doch selbstverständlich.« Stimmt. Und darum werden Sie das, was auf Basaren und Weltmärkten funktioniert, jetzt auch in Ihre kleine Welt übertragen. Nicht: »Wir fahren im Urlaub nach Rom.« Sondern: »Ich würde gern nach Rom fahren, aber Kreta reizt mich auch, was meinst du?« Wenn Sie darauf zur Antwort erhalten: »Ich möchte die Sahara kennen lernen«, bietet es sich an, darüber zu reden, was für den einen und was für den anderen Wunsch spricht. Ohne Alternative fühlt sich Ihr Partner übergangen und/oder bevormundet.

Es gibt nur wenige Forderungen, für die es keinerlei Alternativen geben darf: die Menschenrechte, das Recht auf freie Meinungsäußerung, das Recht auf Arbeit und last, but not least das Recht auf Bildung. Wird zuletzt Gefordertes eingehalten, werden Welt-schutz – was soll die Vorsilbe »Um«? –, Aufklärung und Informa-tion endlich nicht mehr durch Tyrannen manipuliert werden können. Bildung schützt zwar nicht vor Machtmissbrauch, was der Psychiater Karadzic aufs Grauenvollste beweist, aber je mehr Bildung, desto mehr Alternativen zum Aufbau einer aus-gewogenen Gesellschaft.

Haben Sie schon einmal über das Wort Verhandlung nachge-dacht? Ich schreibe es einmal akzentuierter: Ver-Hand-lung. Das bedeutet, dass man einander die Hand reicht, nicht eine Hand wäscht die andere. Verhandeln heißt, seine Standpunkte, seine Sichtweise einen Sachverhalt betreffend klarzumachen und sich Selbiges von seinem Verhandlungspartner anzuhören. Dann geht man schrittweise aufeinander zu, schließt Kompromisse, zieht Grenzen, zeigt Alternativen auf. **Viele Wege führen nach Rom**, sagt schon ein Sprichwort.

Wer vor einer Mauer steht, die ihm den Weg versperrt, kann sich darunter einen Tunnel oder darüber eine Brücke bauen. Er kann sich auch von einer Wippe auf die andere Seite katapultieren lassen oder die Mauer überfliegen. Er kann umkehren und einen Weg suchen, den keine Mauer versperrt. Es gibt fast immer eine Alternative zu Aufgabe oder Kapitulation.

Sie werden sich mit Einhaltung dieses Vertrages von Starrsinn jeglicher Art verabschieden, was einem geistigen Fitnesspro-gramm entspricht, Sie werden anerkannt und beliebt, weil Sie auf Rechthaberei und Besserwisserei verzichten. Dadurch kün-digen Sie Ihre Mitgliedschaft im Club der Kleingeister.

**Es ist oft sehr nützlich, sich den Kopf
des Gegners zu zerbrechen.**

– Alfred Sanio –

Hiermit verspreche ich,

_____ ,

mir, immer nach Alternativen zu suchen.

_____
Ort

_____
Datum

_____
Unterschrift

Vertrag Nr. 18

KEINE KRITIK

Ich teile die Menschen ein in Freunde und Trainer.

**Kritiker sind blutrünstige Leute, die es nicht
bis zum Henker gebracht haben.**
– George Bernard Shaw –

**Meines Wissens hat man noch keinem Kritiker
ein Denkmal gesetzt.**
– Jean Sibelius –

Es gibt Menschen, die haben an allen und allem etwas herum-
zumeckern. Viel zu oft sitzen diese Leute im Glashaus und werfen mit Steinen beziehungsweise sie sehen den Splitter im Auge
des anderen, aber nicht den Balken im eigenen. In der Psychologie nennt man dieses Verhalten Projektion, Spiegelung, was
besagt, dass uns genau das an einem anderen stört oder auch
zur Raserei bringt, dessen wir uns selbst bedienen. Dumm gelaufen. Wenn Sie sich nun entschlossen haben, eine Woche lang
auf Kritik gänzlich zu verzichten, werden Sie in dieser Woche eine
Menge über den Vertragsunterzeichner erfahren. Sie schimpfen
über die Unordnung im Haus und suchen die Stiefel, die Sie gestern trugen? Geht nicht. Wenn Sie hingegen ordentlich sind und
Ihr Partner verursacht ein Chaos nach dem anderen, haben Sie
das Recht zu konstruktiver Kritik: »Schatz, ich bin zu faul zum Suchen und außerdem möchte ich mehr Zeit mit dir verbringen.
Das geht aber nur, wenn wir den Haushalt logisch ordnen. Ich

verstehe es nicht, warum die Tassen von deiner Großmutter vorn stehen. Die benutzen wir doch nur, wenn die alte Dame uns besucht, also alle zwei Jahre. Lass uns bitte alles, was wir häufig benutzen, nach vorn stellen.«

Je unsicherer, aber auch je angespannter ein Mensch ist, desto weniger Kritik verträgt er. Der Unsichere reagiert ängstlich oder auch ausfallend und aggressiv, der Gestresste hat schlichtweg keine Zeit, sich Dinge anzuhören, die nicht zum Thema gehören. Denken Sie darüber nach, wer in Ihrem Umfeld unsicher ist. Diesem oder auch diesen Menschen ersparen Sie Ihre Kritik eine Woche lang bewusst. Es ist besser, wenn Sie stattdessen hervorheben, was dieser Mensch kann. So bekommt er mehr Selbstsicherheit. Unsichere Menschen stehen nicht nur sich selbst, sondern auch allen anderen im Wege. **Wer sich selbst im Wege steht, kann den anderen nicht sehen.** Oft sind ewig krittelnde Menschen Korinthen... Genau das. Weil Sie zu dumm für den großen Bogen sind, beißen sie sich im Kleinen fest, woraus folgt, dass sie verbissen werden. Sie gehören doch nicht dazu. Oder? Wenn Sie feststellen, dass Sie genau dieser Erbsenzähler sind, halten Sie ab jetzt den Mund. Denken Sie zurück an Ihre Schulzeit: Sie wollten nie so werden wie der allseits gehasste Lehrer X. Na bitte. Und weil das Kritisieren durchaus suchthafte Züge aufweisen kann, belohnen Sie sich mit fünf oder mehr oder weniger Euro für jedes Mal, das Sie den Mund gehalten haben. Es ist Ihre Entscheidung, ob Sie am Ende dieser Woche Ihrem Opfer oder sich etwas für das angesparte Geld kaufen.

Menschen, die beruflich sehr gefordert sind, versuche ich gar nicht zu kritisieren. Diese Menschen frage ich, ob ich ihnen helfen kann. Wenn es dann heißt: »Ja, indem du den Mund hältst«, tue ich das, ohne beleidigt zu sein, denn dafür gibt es keinerlei Grund.

Hiermit verspreche ich,

_____ ,

mir, eine Woche lang auf Kritik zu verzichten.

_____
Ort

_____
Datum

_____
Unterschrift

Vertrag Nr. 19

LOBEN UND VERWÖHNEN

Wenn ich ein Verhalten wiederholt haben möchte, lobe ich es.

Geizige sparen auch an Lob.

Lob kostet nichts, bringt aber hohe Rendite.

Erinnern Sie sich bitte an Ihre Kindheit. Sie kritzelten mit Ihren ersten Buntstiften begeistert auf ein Blatt Packpapier, und dann kamen Ihre Eltern und lobten Ihr Werk. Sie strahlten, Ihre Eltern strahlten, und dieser herrliche Planet befand sich für Ihre Familie im Gleichgewicht. Es gab kein Wenn, es gab kein Aber, es gab nur Anerkennung und Liebe. Meinen Sie im Ernst, Sie hätten sich verändert? Ach was, Erwachsene sind doch nichts anderes als lang gezogene Kinder. Jeder Mensch freut sich über ein ehrliches Lob. Es liegt an Ihnen, ob Sie dieses Geschenk großzügig verteilen oder lieber den Mund halten, der dann früher als bei Lobenden Züge von Verbissenheit aufweist. Nichts von Smiley, eher Geiley, frei nach dem widerlichsten Werbespruch, den ich kenne. Jedes Lob ist eine Streicheleinheit für die Seele.

Loben und verwöhnen liegen dicht beieinander, weil sie beide Großzügigkeit im Denken und Handeln beinhalten. Gibt es etwas Schöneres, als einen Menschen zu verwöhnen?
Verwöhnen heißt, sich in einen anderen Menschen hineinzuversetzen, in seinem Innersten zu »wohnen«. Sie können mit einem Gänseblümchen genauso viel Freude machen wie mit einem teu-

ren Geschenk. Das Einzige, womit Sie garantiert keine Freude machen, ist Sachen zu verschenken, die Sie loswerden möchten, ohne sich zu fragen, ob sie zu dem Beschenkten passen. Es gibt sogar Leute, die verschenken schmutzige Dinge: Kleidung, die nicht gewaschen und gebügelt ist, Geschirr, an dem noch Essensreste kleben, usw. Dazu fällt mir nur ein, dass Proleten ihre Herkunft immer verraten:

Der Mensch verrät sich nur in Kleinigkeiten.
Im Großen kann sich jeder zusammennehmen.

– Inge Burg –

Gönnen Sie sich die Freude des Lobens, des Verwöhnens, nicht nur zu festgelegten Feiertagen. Seien Sie so großzügig, wie Sie können. Auch Ihr letztes Hemd hat keine Taschen.

Zum Schluss noch eine Frage: **Warum bekommen reiche Menschen immer größere Geschenke als arme?**

Hiermit verspreche ich,

_____ ,

mir, wann immer sich die Gelegenheit dazu ergibt,
zu loben und zu verwöhnen.

_____

Ort

_____

Datum

_____

Unterschrift

Vertrag Nr. 20

DISKRETION

**Die eine Hälfte der Welt liebt Klatsch,
die andere hat Hunger.**

**In Sachen Geheimhaltung denken alle Frauen
kommunistisch: Geheimnisse sind dazu da,
um mit anderen geteilt zu werden.**
– Marcello Mastroianni –

**Schweigen zu können ist eine hohe Kunst,
deswegen wird sie auch von so wenigen beherrscht.**

Im Informationszeitalter wird Diskretion zu einem Auslaufmodell. Jeder meint, alles über jeden wissen zu müssen, auf einer Homepage stellt man sich weltweit vor: Schaut her, das bin ich. Zur Grundausstattung eines Handys gehören die Funktionen Foto und Video. Da werden dann außer bei Unfällen, wo derlei Sinn ergibt, wildfremde Personen abgelichtet und deren Konterfeis in angenehmen, peinlichen oder gar erniedrigenden Positionen weiterverschickt. Diskretion? Ein Fremdwort außer bei Medizinern, Rechtsanwälten und Geistlichen, die der Schweigepflicht unterliegen. Viele Magazine leben seit Jahrzehnten vom Klatsch. Selbstverständlich steht hinter der Schlafzimmergardine aller Königshäuser eine Schar internationaler Journalisten, um die Welt über die geistigen und leiblichen Vor-, Rück- oder Nebenlieben der Monarchen zu unterrichten. Hohe Auflagen durch Indiskretion. Man ist schließlich wer, wenn man über Intimes von Menschen, über deren Zäune man in der Regel nicht gucken kann, Bescheid weiß. »Ganz im Vertrauen ...« Freundschaften werden durch Indiskretion zerstört, Ehen und Familien, vor allem, wenn die intimen Kenntnisse auf Fiktion beruhen, weil Weiterplauderer allesamt Wichtigtuer sind. Wer derlei nötig hat, stellt sich damit ein Armutszeugnis aus.

Freundschaft ohne Diskretion ist Verrat. Je älter der Mensch wird, desto vorsichtiger geht er mit dem Begriff Freundschaft um. Nur Narren sprechen von ihren hundert Freunden. Wer eine Handvoll Freunde besitzt ist reich, wer meint, mehr zu haben, macht sich etwas vor, es sei, er kommt aus einer kinderreichen Familie. Wenn Geschwister zusammenhalten, dann wie Pech und Schwefel. Leider gibt es aber auch unter Blutsverwandten jede Menge Nachkommen von Kain.

Wenn Sie bisher zu den Plappermäulchen, den Klatschtanten, den Chatterboxes, wie Briten und Amerikaner derlei Menschen nennen, gehörten, so ist es für Sie schwierig, sich von dieser Wichtigtuerei zu verabschieden, wozu auch das Namedropping, das Erzählen, welche sehr wichtigen Persönlichkeiten, VIPs, man kennt, zählt. Fragen Sie sich doch: »Bin ich so wenig wert, dass ich es nötig habe, mich mit den Geschichten über andere aufzuwerten?« Sofern Sie mit einem klaren Nein antworten, gilt für Sie ab jetzt: Mund halten. Für jeden Ausrutscher legen Sie fünf oder auch viel mehr Euro in ein Sparschwein, dessen Inhalt demjenigen zugutekommt, den Sie diffamiert haben. Es spricht sich außerdem herum, dass Sie ein Wichtigtuer sind, einer der sichersten Wege, um einsam zu werden. Das wollen Sie doch nicht. Sie können sich natürlich auch mit anderen Indiskreten austauschen, was unter Zuhilfenahme von mehr als einem guten Tropfen hervorragend gelingt.

**Diskretion gehört zum guten Ton wie
das Brandenburger Tor zu Berlin.**

Hiermit verspreche ich,

_____ ,

mir, mich ab heute, auch wenn es mir schwerfällt, diskret zu verhalten.

_____

Ort

_____

Datum

_____

Unterschrift

Vertrag Nr. 21

TAGEBUCH SCHREIBEN

Tagebücher sind ehrlicher als Statements.

**Jeder sollte ein Tagebuch führen,
aber das eines anderen.**
– Oscar Wilde –

Tagebücher sind kirchensteuerfreie Beichtstühle.

Tagebücher sind diskrete Freunde, sofern sie gut verwahrt werden. Sie können ihnen Ihre jeweiligen Wochenziele anvertrauen und sich dann allabendlich Rechenschaft über ihre Einhaltung geben. Sie können den Frust über den Besuch Ihrer ungeliebten Schwiegermutter loswerden und sich ohne Rücksicht auf Ihre Frau/Ihren Mann aussprechen beziehungsweise -schreiben. Sie füllen die Seiten Ihres Tagebuches mit angenehmen Begegnungen und Überraschungen.

Auf diese Weise schaffen Sie sich Erinnerungen, die Sie, weil nachschlagbar, nicht mehr vergessen werden. Oder Sie machen es wie ich: Ich verbrenne mein Tagebuch stets am 31. Dezember. Ich möchte nicht, dass meine Nachwelt meine intimsten Gedanken irgendwann in die Hände bekommt. Der Mensch, dem ich vorbehaltlos vertraue, weiß sowieso, wie es um mich steht, weil dieser Mensch, dessen bin ich mir sicher, sein Wissen um mich mit ins Grab nimmt, was umgekehrt auch der Fall ist. Die Handvoll wirklicher Freunde kennt den großen Bogen ohne intime Details.

Tagebuchschreiben befreit. Es ist wie beten, weil man niemandem etwas vormachen muss.

Das Tagebuch eines anderen zu lesen ist nicht nur eine große Indiskretion, nein, es ist ein profunder Vertrauensbruch, dem völlig zu Recht und nur allzu verständlich der Bruch einer Beziehung folgen kann. Dasselbe gilt für fremde Briefe. Und doch gibt es Menschen, die meinen, das Recht zur Kontrolle via Tagebuch zu haben. Eltern, die nicht wissen, wo sich ihre Kinder aufhalten oder ob ihre Sprösslinge möglicherweise Drogen nehmen und zu den vielen jugendlichen Alkoholikern und/oder gar Kriminellen gehören, haben das Vertrauen ihrer Kinder, auch ohne deren Tagebücher zu lesen, schon lange verloren, denn das wird in den ersten Lebensjahren aufgebaut. Oder eben nicht.

Gerade die Tagebücher Prominenter werden posthum gern veröffentlicht. Wenn es sich dabei wie bei dem großen Samuel Beckett um Dinge handelt wie, wann er wo zu welchem Preis ein viertel Pfund Leberwurst gekauft hat, wird keine Intimsphäre verletzt. Derlei langweilt. Zumindest mich. Anders ist es bei Walter Kempowski, der seine hochinteressanten, spannenden Tagebücher von vornherein für die Veröffentlichung konzipierte. Sie zu lesen ist ein Genuss.

Es gibt verschiedene Arten des Tagebuchschreibens: Sie können die Briefform wählen, wobei es irrelevant ist, ob der Adressat – noch – lebt oder ob Sie ihn kennen. Sie können täglich Bilanz ziehen, einfach drauflos schreiben, Ihre Eintragungen nach (Sach-) Gebieten ordnen, verschiedenfarbige Stifte wählen, kurz, Sie können tun, was Ihnen gefällt. Wer den Laptop wählt, wird sein Tagebuch selbstverständlich durch ein Kennwort sichern.

Hiermit verspreche ich,

_____ ,

mir, ein Tagebuch zu führen.

_____
Ort

_____
Datum

_____
Unterschrift

Vertrag Nr. 22

GEHEIMNISVOLL SEIN

**Das schönste aller Geheimnisse: ein Genie zu sein
und es als Einziger zu wissen.**

– Mark Twain –

**Frauen und Geheimdienste haben immer gewusst,
dass man vom Verhüllen sehr gut leben kann.**

– Ralph Boller –

Was viele Menschen an Pornographie so langweilt, ist, dass sie
bar jeden Geheimnisses ist. Wie anders die Erotik, die lässt
ahnen, lockt, verführt, spielt. Darin gleicht sie einem guten Wein,
dessen Bouquet, dessen Farbe neugierig macht, weil sie demjenigen, der seinen Duft in sich aufnimmt, Vorfreude schenkt, etwas
verspricht, bei den leider so zahlreichen Mickymouseweinen auch
etwas über künstlich zugesetzte Aromen.

Geht es um Geheimnisse, denken die meisten Menschen zuerst
an Frauen. Deren Geheimnisse sind so hinlänglich bekannt, dass
ich mich denen von Männern zuwenden möchte. Männer sind genauso geheimnisvoll, einen Mann kann frau genauso wenig ganz
ergründen wie umgekehrt. Warum ergriff er seinen Beruf? Wie
war sein Elternhaus, hat er Geschwister und teilt gern oder ist er
ein verhätscheltes Muttersöhnchen, das Pendant zum Mutter-
töchterchen? Was denkt er über Verletzlichkeit, wie reagiert er
auf Empfindlichkeit? Mit wem würde er gern tauschen, wer ist
sein Vorbild? Was würde er tun, wenn er im Lotto gewänne? Und
dann das größte Geheimnis: Warum liebt er mich? Während die

meisten Frauen zu viel reden, schweigen Männer oft und machen Dinge mit sich allein aus. Ist das ein Relikt aus der Steinzeit, in der er allein zur Jagd ging, oder tickt das maskuline Hirn anders? Neurologen beantworten diese Frage mit einem Ja.

Geheimnisvoll zu sein bedeutet, niemals langweilig zu werden, was den Geheimnisvollen davon abhält, alles zu gestehen, sein gesamtes Leben auszubreiten. Das Kennenlernen eines Menschen gleicht einer Expedition in eine Terra incognita. Es gilt, Widerstände zu überwinden, Gemeinsamkeiten zu finden, Fragen zu stellen, nach Antworten zu suchen und dann und wann zu schweigen, um nicht alles zu zerreden.

Es gibt natürlich auch Menschen, im Showbusiness und verwandten Berufen häufiger anzutreffen als bei Naturwissenschaftlern, die ihre Biographie neu erfinden. Da kaum jemand als Eremit zur Welt gekommen ist, fliegt derlei irgendwann auf und ist dann peinlich, lächerlich oder beides. Ich kenne einen »armen« Mann, der sich ohne jede Hilfe in den Designerhimmel hochgearbeitet hat. Er verschweigt seine Frau, die mit ihren Millionen heimlich den Big Spender spielt. Derlei Geschichten sind nicht geheimnisvoll, sondern blamabel. Die im doppelten Sinn verschwiegene Gemahlin bleibt immer im Hintergrund. Ich wäre stolz, einen Partner an meiner Seite zu haben, der mich unterstützt und mir hilft. Ich würde ihm öffentlich danken und damit das Geheimnis um mich erhöhen: Was hat sie, das er so liebt, beziehungsweise in obigem Fall: Was hat er, das sie so liebt?

Hiermit verspreche ich,

_____ ,

mir, mich darin zu üben, geheimnisvoll zu sein.

_____

Ort

_____

Datum

_____

Unterschrift

Vertrag Nr. 23

EU-STRESS, JA BITTE

Schmetterlinge im Bauch sind der angenehmste Eu-Stress.

Die unsäglichen Vorschriften der EU produzieren Stress. Eu-EU-Stress wäre etwas ungewohnt Reizvolles.

Eu-Stress hat nichts mit der Europäischen Union zu tun, denn die verursacht Stress. Eu ist griechisch und heißt gut, wohl, schön. Sie kennen diese Vorsilbe von Euphorie, dem Gefühl gesteigerten Wohlbefindens, wie der Wahrig es ausdrückt. (Wer mit Sprache arbeitet, benutzt in der Regel den Wahrig statt des Monopol-Dudens, dessen Redakteure sich oft den Dümmsten anbiedern.) Vielleicht haben Sie auch von Eubiotik, der Lehre von der guten, gesunden Lebensweise gehört.

Schmetterlinge im Bauch beschert uns ein geliebter Mensch, aber die kleinen Gaukler sind nicht die alleinigen Eu-Stress-Verursacher. Jede Überraschung liefert ihn, der unerwartete Anruf eines Menschen, den Sie sehr mögen: »Kann ich zum Mittagessen zu dir kommen?« Sie sagen hocherfreut Ja und sprinten zum Kühlschrank, düsen los, um die Zutaten für den Salat, den er so mag, schnell zu besorgen, machen sich nebenbei hübsch, decken den Tisch phantasievoll, und das alles in der Hälfte der Zeit. Warum? Ihnen sind Flügel gewachsen: Eu-Stress.

Dieses Spitzengefühl kann man sich auch allein bereiten, indem man sich in den Wettbewerb mit sich begibt: Wenn ich die Geh-, Lauf- oder was auch immer Strecke diese Woche in drei Minuten weniger Zeit bewältige, kaufe ich mir am Samstag den Lippenstift, den USB-Stick oder etwas ganz anderes, womit ich schon lange liebäugele.

Im Wettbewerb mit sich zu liegen funktioniert fabelhaft mit einer Küchenuhr: Die schalte ich ein, nachdem ich mir vorher eine Stunde Zeit für etwas gegeben hatte, wofür ich normalerweise eineinviertel Stunden benötige: Auf die Plätze, fertig, los!

Eu-Stress ist das Kind von Freude und Liebe. Wer gerade als Single die Welt bevölkert, sollte es unbedingt mit Selbstliebe versuchen. Wie? Schreiben Sie auf, was Sie können, was Ihnen an sich gefällt statt des Gegenteils. Siehe hierzu auch mein Buch *Der Schildkröteninstinkt – dem Leben eine klare Richtung geben.*

Ein weiterer Trick: Sie sind am Rotieren, stehen unter Strom, wissen nicht mehr, wo Ihnen der Kopf steht – die Sprache drückt diesen Zustand äußerst bilderreich aus –, sind also total gestresst, haben vergessen, wo vorn und hinten ist, dann sollten Sie sich nach Bewältigung Ihrer Aufgabe zuerst einmal ohne Rücksicht auf die Familie, die Sie genau dann sprechen möchte, ausschlafen, vielleicht den ganzen Tag im Bett bleiben und anschließend kräftig belohnen. Zuerst sich, dann die anderen, die mitgezogen haben. Das Geschenk, das Sie für sich aussuchen, kann Ihrer Frau/Ihrem Mann auch gefallen, muss es aber nicht. Männer lieben – verallgemeinert – Technik und Klamotten, Frauen – genauso pauschalisiert – Kosmetik und Klamotten. Bücher lieben hoffentlich beide. Mit der Aussicht auf ein Geschenk können Sie manchmal, leider nicht immer, Stress in Eu-Stress umwandeln.

Hiermit verspreche ich,

_____ ,

mir, mich um Eu-Stress zu bemühen.

_____

Ort

_____

Datum

_____

Unterschrift

Vertrag Nr. 24

PFLICHT UND KÜR

Das Leben ist wie der Eiskunstlauf:
Es besteht aus Pflicht und Kür, und oft fällt
die Entscheidung in der Pflicht.
– Gustav Knuth –

Die Ehe wäre die schönste Sache der Welt, wenn
es mehr Kür und weniger Pflicht gäbe.
– Jeanne Moreau –

Man ist verloren, wenn man zu viel Zeit bekommt,
an sich zu denken.
– Lichtenberg –

Pflichten sind der Boden, auf denen die Kür gedeiht. Nur Kür ent-
spräche dem Schlaraffenland, was sicher nach einiger Zeit ebenso
langweilig wäre wie ein sabatical life. Ich bin der Überzeugung,
dass Urlaub, Ferien und Ruhestand, die allesamt ebenso der Kür
entsprechen wie ein freies Wochenende, ohne die vorangegangenen Pflichten ihren Sahnehäubchenstatus verlieren würden.

Was ich nicht nachvollziehen kann, ist die strikte Trennung von
Pflicht und Kür, die oft dazu führt, dass Pflicht mit einem negati-
ven Vorzeichen belegt wird.

Viele Menschen, leider nicht alle, arbeiten in Berufen, die sie gewählt haben. Wenn diese Menschen dann zu Oberjammerern werden, weil gerade alles anders läuft, als erwartet, so habe ich dafür

zwar Verständnis, weiß aber aus Erfahrung, dass Jammern im Berufsleben nicht hilft. Schwierigkeiten sind zum Überwinden da, oder positiv ausgedrückt: **In jedem Unglück steckt ein Geschenk.** Das gilt natürlich auch für Ihre Partnerschaft.

Auf Spitzbergen, in der Arktis, arbeiten viele Thailänder in Fischfabriken. Sie tun es häufig mit einem Lächeln trotz Kälte, fremder Sprache, trotz des Geruchs. Sie wissen wofür: für ihre Familien. Ist es die buddhistische Gelassenheit, die sie so stark sein lässt? Eines steht doch fest, wer wirklich versucht, das Beste aus einer Situation zu machen, wer nach den Positiva sucht, hat es leichter als der Nörgler oder der Mensch, dessen überragendes Talent sich auf Selbstmitleid beschränkt. Pflicht und Kür sind kein Paar wie Licht und Finsternis, nein, sie sind ein Paar wie Licht und Schatten. Wer sich das einmal klargemacht hat, wird seine Pflicht leichter als Teil der Kür begreifen als der – wörtlich – Schwarzseher.

Ich schlief und träumte, das Leben sei Freude. Ich erwachte und sah, das Leben war Pflicht. Und siehe, da wurde die Pflicht zur Freude, wusste Rabindranath Tagore. Es liegt an Ihnen, ob Sie das Kürgefühl in die Pflicht hineinfließen lassen. Wer das kann, belohnt sich mit Freude, Heiterkeit, Gelassenheit und einer gehörigen Portion Ausgeglichenheit, wodurch sich Ihre Mundwinkel von selbst heben.

Hiermit verspreche ich,

_____,

mir, mich um einen sanften Übergang zwischen Pflicht und Kür zu bemühen.

_____

Ort

_____

Datum

_____

Unterschrift

Vertrag Nr. 25

VERGESSEN STATT WIEDERKÄUEN

Vergessen können heißt Ballast abwerfen.

Je mehr man sich vergisst,
desto mehr erinnern sich die anderen.
– Robert Lembke –

Ein gutes Gedächtnis für Wesentliches ist ein Geschenk. Wer sich aber alle Lappalien und Beleidigungen merkt, ist zu bedauern. Wie schön wäre es, könnten wir traumatische Erlebnisse, wie sie jeder Krieg, jede Art von Gewalt hinterlässt, vergessen. Leider funktioniert das nicht, weil gerade diese Ohnmacht sich tief eingeprägt hat und uns für den Rest des Lebens oft nachhaltig prägt. Traumata kommen immer wieder aus dem Unterbewusstsein hoch und beherrschen den Traumatisierten. Anders verhält es sich mit Ihrer Lieblingsverletzung: »Hätte X sich damals nicht so schamlos meinen Freund geangelt, wären Y und ich heute glücklich.« Auweia! Y hat mitgemacht, ist an der Sache also nicht ganz unschuldig. Und den Blick in die Zukunft ersparen wir uns lieber, weil Hätte-wenn-Spekulationen dem Schicksal gleichen, das sich absolut zuverlässig in Kaffeesatz und Horoskop offenbart.

Wer ein und dieselbe Sache ständig wiederkäut, hat auf jeden Fall eines im Überfluss: Zeit. Wer arbeitet, muss sich konzentrieren, ihm gehen infolgedessen andere Dinge durch den Kopf. Zudem belastet wiederkäuen nur denjenigen, der es tut, der andere weiß und merkt nichts davon. Und das trotz aller Voodoo-Sprüche, mit denen Sie ihn verwünschen. Machen Sie sich bitte eines klar: **In meinem Kopf**

denke nur ich, kein anderer! Das heißt, Sie selbst sind dafür verantwortlich, ob Sie schlechte Erinnerungen wiederkäuen, unter ein Vergrößerungsglas legen und sich in Selbstmitleid suhlen. Wenn Sie das tun, werden Sie nach einiger Zeit langweilig, weil Sie ein und dieselbe Geschichte zum Dauerthema machen.

Ich rede hier nicht über Trauer, den Verlust des Arbeitsplatzes, eine schwere Krankheit. Darüber zu sprechen ist völlig in Ordnung. Derlei zu wiederholen ist normal, ich meine Dinge, die jeder durchmacht, die allen wehtun, die manche aber so hochpuschen, dass es nervt.

Wenn Sie beim Lesen festgestellt haben, dass Sie so ein wiederkäuendes Rindvieh sind, haben Sie die große Chance, am Ende dieser Woche zu sagen, dass Sie so ein wiederkäuendes Rindvieh *waren*. Schwamm drüber. Dazu bitte ich Sie, folgende Übung, deren Wirkung in einer amerikanischen Langzeitstudie bestätigt wurde, eine Woche lang konsequent durchzuführen: Jedes Mal, wenn sich Ihre Lieblingsbeleidigung in Ihrem Kopf ausbreitet, sagen oder denken Sie *entschieden*, nicht lau und unbeteiligt: »Stopp, Ruhe und Gelassenheit.« Sie können beim Stopp auch zusätzlich *entschieden* die Finger schnipsen, um Ihr Stopp zu verankern.

Nach einer Woche haben Sie diese üble Erinnerung aus Ihrem Kopf verbannt, die es sich zuvor an die 500-mal pro Tag dort gemütlich gemacht hatte. Diese effiziente Übung werden Sie garantiert nicht nur zum Frühjahrsputz Ihres Denkens beibehalten.

Hiermit verspreche ich,

———————————————————————————————— ,

mir, mich im Vergessen zu üben.

————————————————————————————————
Ort

————————————————————————————————
Datum

————————————————————————————————
Unterschrift

Vertrag Nr. 26

ENTSCHEIDUNGEN TREFFEN

Entscheidungen machen frei.

Der Schreibtisch ist der Ort,
wo sich die Welt entscheidet.
– Günter Eich –

Der Schwache zweifelt vor der Entscheidung,
der Starke hinterher.
– Karl Kraus –

Jede Scheidung ist Entscheidung.

Viele Menschen schieben unangenehme Entscheidungen vor sich her und sind Meister im Aussitzen, was einige Male gutgehen kann, aber letztendlich jede Menge Punkte kostet. Ein Beispiel: Sie haben sich schlecht benommen, Ihre Wut an einem Unbeteiligten ausgelassen und Türen knallend das Haus verlassen. Soll der Unbeteiligte doch sehen, wie er damit zurechtkommt, schließlich sind Sie Herr/Frau Unfehlbar. Wenn der Unbeteiligte weiß, dass Sie wieder Stress mit Ihrer Schwiegermutter hatten, wird er wahrscheinlich beide Augen zudrücken und sich freuen, dass seine Schwiegermutter okay ist, weil tentakelfrei. Angebracht wäre es gewesen, eine schnelle Entscheidung in Richtung Entschuldigung zu treffen: »Verzeihung, ich habe meine schlechte Laune an Ihnen ausgelassen.« Der so Angesprochene freut sich, weil Sie Ihr Fehlverhalten eingesehen haben. Das war's, und weiter geht es in der Tagesordnung.

Herr/Frau Unfehlbar sind leider oft selbstgerecht, was man daran erkennt, dass sie sich nicht entschuldigen, weil sie sich im Dauer-recht glauben. Derlei Verhalten finden wir in Königshäusern ebenso wie in Slums. Eine gute Partnerschaft beispielsweise zeichnet sich dadurch aus, dass man sich, bevor man schlafen geht, wieder verträgt. Wie oft schon ist ein Partner gestorben, ohne dass man sich versöhnt hatte. Das hinterlässt beim Hinter-bliebenen Schuldgefühle. Möglicherweise über viele Jahre, und das alles, weil Sie starrsinnig waren. Es ist eine gute Entschei-dung, sich von Unfehlbarkeit, Rechthaberei, Starrsinn & Co. für immer zu verabschieden.

Entscheidung und Mut sind ebenso Geschwister wie Aussitzen und Feigheit. Vor großen Entscheidungen wägt man am besten das Für und Wider mittels Plus-Minus-Liste ab. Kleinere Entscheidungen kann jeder aus dem Bauch treffen. **Auch eine falsche Entscheidung ist besser als gar keine.** Unentschiedene, unentschlossene Men-schen sind eine Plage, weil sie viel Zeit kosten. Wer sich zu Lasten eines anderen falsch entschieden hat, wird sich, siehe oben, sofort entschuldigen, um keinen bleibenden schlechten Eindruck zu hin-terlassen. Entscheidungen machen frei, aber auch für sie gilt das große Wort Bertolt Brechts: **Wer A sagt, muss nicht B sagen. Er kann auch erkennen, dass A falsch war.**

Hiermit verspreche ich,

_____ ,

mir, mich darin zu üben, Entscheidungen
zügig zu treffen.

_____

Ort

_____

Datum

_____

Unterschrift

Vertrag Nr. 27

VERZEIHEN

**Wer nachträgt, leidet irgendwann
unter Rückgratverkrümmung.
Verzeihen schenkt Haltung.**

**Frauen verzeihen manchmal sogar die Schliche,
hinter die man ihnen gekommen ist.**
– Charles Regnier –

Verzeih stets deinen Feinden. Nichts ärgert sie so.
– Oscar Wilde –

Verletzungen jeder Art werden äußerst subjektiv bewertet. Den einen stört es bereits, wenn ihn jemand nicht grüßt, was ein anderer gar nicht bemerkt. Der – in diesem Fall eher – die eine meint, mit Szenen Aufmerksamkeit auf sich zu ziehen, was einen anderen nur peinlich berührt. Der eine ist beleidigt, wenn man ihn kritisiert, der andere hakt nach, um weiterzukommen und etwas zu lernen. Der eine hat Sie betrogen, ein anderer belogen und verleumdet. Und allen sollen Sie verzeihen? Nein, Sie sollen nicht, Sie können, sofern Sie wollen. Denn **Verzeihen hat nichts mit Altruismus, sondern mit Egoismus zu tun**. Es geht beim Verzeihen primär um den Verzeihenden. Die Stellung dessen, der Sie verletzt oder für dumm erklärt hat, ist sekundär. Am einfachsten ist es zu verzeihen, wenn Sie wissen, der andere hat Sie unabsichtlich verletzt oder kommt beispielsweise aus einem Elternhaus, in dem Takt, Rücksicht, Einfühlungsvermögen und Höflichkeit Fremdwörter sind.
Bevor Sie anderen vergeben, verzeihen Sie sich selbst, weil ein

Mensch mit Schuldgefühlen nicht frei denken und entscheiden kann. Ich schlage Ihnen eine Methode vor, mit der ich gut zurechtkomme. Ich schreibe meine Untaten – das Wort Sünden ist mir zu heftig –, auf und wen ich wie verletzt habe. Danach überlege ich mir, wie ich derlei wiedergutmachen und in Zukunft vermeiden kann. Dann sage ich: »Ich verzeihe mir.« Diese Aussage lasse ich sacken. Punkt. Zum Schluss zerreiße ich den Zettel und übergebe ihn dem Papierkorb. Das war's.

Um anderen zu verzeihen, habe ich mir das Prozedere von der Kirche abgeguckt. Ich schreibe all meine Widersacher untereinander auf ein Blatt Papier. Dann handle ich souverän: Ich segne diese Leute, verzeihe und wünsche ihnen für die Zukunft alles Gute. Wer meint, dazu sei er nicht fähig, weil derlei Gebaren entschieden zu weit gehe, und er es verachtet, sich selbst zu belügen, dem kann ich nur sagen: Versuchen Sie es, auch wenn Sie anfänglich fluchen: »Ich segne dich und wünsche dir die Bekanntschaft des weißen Hais und einer Meute hungriger Pitbulls, ich verzeihe dir in Henkers-, Teufels- und aller Killernamen.« Machen Sie bitte weiter! Irgendwann werden Sie auf Ihre Verwünschungen verzichten. Warum? Weil Sie derlei nicht mehr nötig haben. Aus Souveränität. Wenn Sie eine Woche lang ein und derselben Person auf diese Art vergeben, tritt etwas ein, wofür es früher eine klare Bezeichnung gab. Unsere Altvorderen sagten: »Ich habe ihn/sie aus dem Haus gesegnet.« In diesem Fall gilt: Probieren geht über studieren beziehungsweise: Wer heilt hat Recht.

Hiermit verspreche ich,

_____ ,

mir, mir und anderen um meinetwillen zu verzeihen.

_____
Ort

_____
Datum

_____
Unterschrift

Vertrag Nr. 28

ORDNUNG

Wer Ordnung hält, ist zu faul zum Suchen.
– Sprichwort –

**Jedes kreative Chaos beruht auf
einer heimlichen Ordnung.**

**Ordnung und Bürokratie sind krasse Gegensätze.
Die Erste schafft den Raum,
den die Zweite nimmt.**

Um es vorwegzunehmen, ich mag einen aufgeräumten Schreibtisch, der mittlerweile clean desk genannt wird, ebenso wie eine ordentliche Wohnung, weil mich beides im klaren Denken unterstützt. Was ich ablehne sind Sterilität und Pedanterie. Ordnung erlaubt mir, Akzente zu setzen, über die ich mich freuen kann.

Ordnung und Struktur bedingen einander. Sie sorgen für erhebliche Erleichterungen. Um Raum zu schaffen, gibt es nur eines: aufräumen. Dazu bedienen Sie sich einer sehr einfachen, höchst effizienten Methode. **Sie nehmen jedes Teil nur einmal in die Hand** und ersparen sich so jegliche Art von Häufchen und Hin- und Herschieberlis. Wer zu den drei Hs neigt, hat mit fünfzig Jahren mindestens ein Jahr hin- und hergeschoben. Das ist genau die Zeit, die Ihnen ständig fehlte. Schluss damit! Fragen Sie jedes Stück: »Gefällst du mir? Brauche ich dich?« Bei zweimal nein ist die Entscheidung klar. Fort mit dem Teil. Wenn ich es weiterverschenke, ist es selbstverständlich, dass ich es vorher säubere, wasche, bügle etc. Alles andere verrät eine miserable Kinderstube. Kaputte Sachen weiterzuverschenken, verbietet der Anstand. Bei einem Ja in Bezug aufs Gefallen und einem Nein fürs Brauchen, wäge ich ab, was überwiegt. Danach wird dann gehandelt. Wenn ich etwas brauche, was mir aber nicht gefällt, wird das Teil so lange behalten, bis ich mir eines leisten kann, das beide Kriterien erfüllt. Den Fluch von den unpassenden Geschenken kennen wir alle. Ich lasse sie verschwinden, wenn sie meine Wohnung oder mich verschandeln, es sei denn, sie sind mit so viel Liebe ausgesucht worden, dass die Liebe mich mir das Geschenk »schön gucken« lässt.

Kleidung ordne ich nach Farben. Außerdem bekommen die Sommersachen im Winter, wie auch umgekehrt, ein hinteres Plätzchen zugeteilt. Bücher und CDs unterteile ich zuerst nach Sachgebieten, worauf die alphabetische Ordnung nach Autoren/Komponisten folgt. Spezielle Dinge wie Weihnachtsgeschichten und -musik haben einen Platz, den ich nur mit der Leiter erreichen kann, da ich sie nur einmal jährlich benötige. Wenn Sie sich von Dingen trennen wollen, blicken Sie in die oberen Regale. Dort befinden sich – außer Reichweite – die Sachen, auf die Sie wahrscheinlich ganz verzichten können. Auch Keller und Böden beherbergen vieles, wovon Sie in Wahrheit schon lange Abschied genommen haben.

Zum Schluss noch eine Frage, die für Sie zu einer wirksamen Entscheidungshilfe werden kann: Was würden Sie bei einem Umzug entsorgen?

Hiermit verspreche ich,

_____,
mir, Ordnung zu halten.

_____
Ort

_____
Datum

_____
Unterschrift

Vertrag Nr. 29

AMBIENTE

**Manch eine Frau trägt ein Kleid
passend zur Einrichtung.**

Ambiente ist das gewisse Etwas, das uns umgibt.

Ambiente ist italienisch und heißt Umgebung. Al dente heißt bissfest, dolce far niente süßes Nichtstun. Von Anglizismen wird unsere Sprache überhäuft, dem Italienischen hingegen liegt stets etwas Besonderes zugrunde, womit ich weder Mafia, Cosa Nostra, 'Ndrangheta und deren Omertà (Schweigen) meine. Italienisch ist die Sprache der Musik von piano bis fortissimo und die Sprache der Lieblingsküche vieler Deutschen: Bitte einen Chianti zu den Penne arrabiata und zum Nachtisch Tiramisu. Italienische Designer lassen Frauen- und Männerherzen höher schlagen, egal, ob es sich um Schmuck, Schuhe, Kleider, Anzüge, Möbel oder Accessoires jeder Art handelt.

Zeige mir, wie du wohnst, und ich sage dir, wer du bist. Die Umgebung eines Menschen hat nichts damit zu tun, ob er viel oder wenig Geld besitzt. Guter Geschmack oder auch das Gegenteil zeigt sich bereits bei Jaffa-Möbeln. Ein angenehmes Ambiente ist nicht vollgestopft. Außerdem gibt es einige Regeln: Ein kleines bis sehr kleines Zimmer wird durchgehend von einer hellen Farbe dominiert, um es größer erscheinen zu lassen. Dadurch wirken Hingucker wie die eine wunderschöne Vase von der Großmutter, das selbst gemalte Bild, der Druck, die Kissen. Wer nicht sicher ist, für den gilt: **Weniger ist mehr.** Man kann aus einer dreißig Quadratmeterwohnung ein Schmuckkästchen machen oder ein Horrorkabinett.

Je mehr Raum vorhanden ist, desto einfacher ist das Einrichten. Junge Menschen ändern ihr Ambiente gern. Ab dreißig allerdings hat fast jeder seinen Stil gefunden, dem er in den Grundzügen treu bleiben wird. Der eine liebt den Landhausstil, der andere Acryl, Glas, Metall & Co. Der – gewöhnlich die – eine ist verspielt, der andere sachlich. Und dann sind da noch die Modetrends. Manch einer wird mitgemacht, ein anderer ausgelassen. Egal, wie Sie oder Sie und Ihr Partner sich einrichten, bleiben Sie sich auf jeden Fall treu! Zu zweit muss man in Richtung Geschmack manchen Kompromiss eingehen, was in Zeiten der großen Liebe nicht schwerfällt. Aber letztendlich sollen sich beide wohl fühlen.

Nach einer Reise, dem sprichwörtlichen Tapetenwechsel, sieht man sein Zuhause oft mit anderen Augen. Dann stört einen das eine oder andere Stück. Bitte warten Sie nicht, bis Sie sich wieder an Ihr Ambiente gewöhnt haben, sondern nutzen Sie Ihren frischen Blick zur Neugestaltung. Genauso geht es uns nach einem langen, dunklen Winter. Sowie sich die ersten Sonnenstrahlen am Himmel zeigen, ist allerorten Frühjahrsputz angesagt. Da wird gewienert, gestrichen, umgestellt, ausgeräumt, geputzt, poliert. Da werden wir alle zu Schlangen, die ihre alte Haut abwerfen. Frühling, Amsel, Primeln, Neugestalten gehören ebenso zusammen wie die Farben Grün, Weiß, Rot und Italien.

Ich bin mein Ambiente. Weil kaum etwas anderes so deutlich widerspiegelt, was sich in meinem Kopf abspielt. Darin gleichen Ambiente und Kunst sich. Das Werk ist ein klares Abbild dessen, was der jeweilige Künstler denkt und fühlt, vorausgesetzt, er ist authentisch und schwimmt nicht mit irgendeinem Trend. Eines der besten Beispiele für Eigenständigkeit ist der spanische Architekt Gaudí. Wer auch nur eines seiner Bauwerke kennt, wird diesen Genialen bereits im Allerkleinsten ausmachen können. Das Gegenteil ist vielfach moderne Architektur, deren Glasbauten einander so gleichen, dass ich oft nur an der Sprache erkennen kann, in welchem Land ich mich befinde. Schade, weil langweilig. Dazu Bertolt Brecht: **Die Schwärmerei für die Natur kommt von der Unbewohnbarkeit der Städte.**

Hiermit verspreche ich,

_____ ,

mir, mein Ambiente dann und wann mit Abstand zu betrachten und es dann zu verschönern.

_____

Ort

_____

Datum

_____

Unterschrift

Vertrag Nr. 30

HALTUNG BEWAHREN

Krokodilstränen rinnen eine harte Haut hinunter.
– Hans Kasper –

**Wer sich gehen lässt, hat Schwierigkeiten
mit seiner Haltung.**

Haltung bemerkt man selten, fehlende immer.

Als der ehemalige Kanzler der Bundesrepublik Deutschland, Schröder, dessen Verdienst es war, dass Bundeswehrsoldaten nicht in den Irak einrückten, die Wahl verloren hatte, verlor er zusätzlich Haltung und Contenance: Er pöbelte Journalisten an. Haltung bewahrt man vornehmlich beim Militär, weshalb sie außerhalb von Kasernen nicht mehr allzu gefragt ist. Ich finde, Haltung zu bewahren – oder auch nicht – ist eine sehr subjektive Entscheidung. Sie beinhaltet, dass ich meine Emotionen weitgehend für mich behalte: *»Doch wie's darinnen aussieht, geht niemand was an.«* Das blanke Gegenteil von Gefühle zulassen.

Ein Paradebeispiel für Haltung war Jacqueline Kennedy nach der Ermordung ihres Mannes. Sie benahm sich so, wie es ihrer Herkunft entsprach, wie ihr Mann es gutgeheißen hätte. Die meisten Menschen hingegen können mit dem Begriff Haltung nicht mehr allzu viel anfangen, weil er sie an Appell erinnert, an Drill. Und doch gibt es Situationen, in denen fast jeder Haltung bewahrt. Ich gebe Ihnen hierfür ein Beispiel: Sie haben gerade erfahren, dass Ihre Freundin schwer erkrankt ist, wahrscheinlich nicht mehr lange leben wird. In dem Moment läuft Ihre zweijährige Tochter Ihnen strahlend entgegen, schlingt ihre Arme um Ihre Beine und sagt: »Mammi/Pappi lieb.« Sie werden Sie auf den Arm nehmen und ihr sagen: »Ich dich auch.« Vielleicht müssen Sie weinen. Aber weil Ihre Kleine zum Glück noch nicht weiß, was Krankheit und Tod bedeuten, werden Sie Haltung bewahren und die Tränen, wenn überhaupt, als Freudentränen bezeichnen, weil Sie das Mädchen doch auch so lieb haben. Haltung und Rücksicht gehören in einigen Fällen zusammen. Nicht nur die Rücksicht auf andere, sondern auch die auf sich selbst. Haltung bewahren kann ebenso heißen, die ungerechtfertigten Angriffe eines anderen Menschen souverän zu ignorieren, frei nach dem Motto: Ich verlasse mein Niveau nicht.

Die Chancen, Haltung zu bewahren, sind mannigfaltig. Die Frage, ob Sie das wollen, können nur Sie sich beantworten. Zu viel Haltung macht uns zu Robotern, zu wenig zu Big-Brother-Akteuren, die Gott und die Welt an ihrem Container-Schicksal teilnehmen lassen. Wie immer ist der Mittelweg der gangbarste. Für mich ist der Ort, in dem viele Menschen ihre Haltung mit der Garderobe abgeben, der Bundestag. Scharfe Gefechte, ja! Pöbelei, nein! Schlagabtausch, ja! Auf den Bereich unter der Gürtellinie zielen, nein! Leider reden viele der von uns gewählten Volksvertreter so, als seien sie im Fernsehcontainer gezeugt worden. Peinlich, niveaulos, wahr. Wer sich von vielen, zum Glück nicht allen, Abgeordneten unterscheiden will, dem ist es freigestellt, Haltung zu bewahren, womit man heutzutage auffällt.

Hiermit verspreche ich,

_____ ,

mir, vorerst eine Woche lang Haltung zu bewahren.

_____

Ort

_____

Datum

_____

Unterschrift

Vertrag Nr. 31

AUF VERGLEICHE
VERZICHTEN

Eifersucht ist die Angst vor dem Vergleich.
– Max Frisch –

**Die wahren Lebenskünstler vergleichen sich
grundsätzlich nur mit Leuten, denen es
schlechter geht als ihnen.**
– André Maurois –

Wäre ich Gott, könnte ich Menschen und ihre Schicksale miteinander vergleichen, weil ich alles über jeden wüsste. Da ich nicht Gott bin, verzichte ich darauf, weil sich derlei »Erkenntnisse« im spekulativen Bereich bewegen. Die Genauigkeit solcher Prognosen entspricht den alljährlichen Horoskopvoraussagen, nach denen sich die Realität dummerweise nicht richtet. Gerade Frauen neigen dazu, sich mit anderen zu vergleichen, denen es scheinbar so viel besser geht. Beliebt sind die Berufstätige und die kinderlose Hausfrau. So ein Unsinn! Abhängig sind beide. Die eine mehr, die andere weniger, derlei Vergleiche lassen nur eines zu, den Schluss auf zu viel Zeit. Beide Lebensformen haben Vor- und Nachteile, Sicherheiten und Unsicherheiten.

Wohin führen Vergleiche? Fast immer in die Sackgasse. Denn eines ist doch klar, Träume, Hoffnungen, Wünsche, Ängste haben alle Menschen. Darin gleichen wir uns. Aristoteles Onassis, der steinreiche Reeder, der sich sein Imperium ohne Erbschaft erarbeitet hatte und demzufolge unten und oben kannte, bezog seine Aussage auf Arm und Reich: **Wer meint, dass Geld glücklich macht, beweist, dass er noch nie welches gehabt hat.**

Alle menschlichen Vergleiche hinken, weil jeder von uns ein Unikat ist, ein eigenständiger Kosmos. Heutzutage, den Medien sei Dank, wird der Schein häufig höher bewertet als das Sein. Da richten sich Menschen nach computergeschönten Fotos, lassen sich liften, aufpolstern, absaugen oder mit dem Nervengift Botox glätten, über dessen Nebenwirkungen es noch keinerlei Langzeitstudien, weil zu kurz erst für Faltenfreiheit angewendet, gibt. Fest steht allerdings: Einige Teelöffel Botulinumtoxin, wie das vollständige Wort lautet, ins Grundwasser geschüttet, und die Gesamtbevölkerung Deutschlands stirbt. Eine weitere nicht allzu lebensbejahende Variante ist das Sich-zu-Tode-Hungern, weil schwule Modeschöpfer aus Frauen Knäbchen machen wollen, damit der genormte Mensch dem Einheitslook entspreche. Von Eigenständigkeit, Individualität keine Spur. Wie anders Barbara Streisand, Anna Magnani, Evelyn Hamann, Muriel Baumeister, Christine Neubauer, Maria Furtwängler, Jean-Paul Belmondo, Mick Jagger, Gerard Depardieu, Götz George, Till Schweiger! Sie sind Originale anstelle langweiliger Kopien, deren Credo offensichtlich lautet: Ahme nach! Anstelle von: Sei du selbst! Was für ein Armutszeugnis. Da lobe ich mir jeden Punker, der sich gegen die Uniformität auflehnt. Ich kann diese jungen Leute ebenso verstehen wie alle Kreativen, die Trends kreieren statt im Mainstream mitzuschwimmen.

Wenn Sie zu den unzähligen Menschen gehören, deren Vergleiche mit anderen immer zu ihren Ungunsten ausfallen, gibt es nur eines: Lassen Sie das Vergleichen. Es kostet Ihre Zeit, Kraft, Kreativität und manchmal Ihr Selbstbewusstsein. Vor allen Dingen liegen Sie mit Ihrer Mutmaßung über andere, die fern jeden Wissens angesiedelt ist, gewöhnlich falsch.

Ich gebe Ihnen ein abschreckendes Beispiel: Adolf Hitler wurde von vielen beneidet. Was hatte der Österreicher alles erreicht, wie viele schöne Frauen lagen ihm zu Füßen.

Was aber hatte er letztendlich geschafft? Massenmorde, Zerstörung, Teilung, eine Blutspur, die jeder Zivilisation spottete, bis hin zum feigen Suizid. Wer heutzutage mit dem Diktator verglichen wird, wird, sofern er nicht größenwahnsinnig ist wie der so genannte Führer, sofort eine Beleidigungsklage einreichen. Mit einem hirnkranken Massenmörder möchte niemand verglichen werden, was erneut beweist, dass Vergleiche hinken, weil der Vergleichende dazu neigt, einseitig das zu sehen, was er möchte.

Sowie Sie wieder einmal vergleichen, bitte ich Sie, Ihre Anti-Wiederkäuer-Formel zu denken oder zu sprechen: Stopp! Ruhe und Gelassenheit. Und dann lesen Sie sich Ihren Zettel, auf den Sie Ihre Vorteile aufgeschrieben haben, erneut durch und ergänzen ihn. Vielleicht mögen Sie Ihren Körper nicht, sind aber durch und durch gesund, dann haben Sie allen Grund, sich vor den Spiegel zu stellen und zur Abwechslung einmal sehr dankbar zu sein.

Hiermit verspreche ich,

_____ ,

mir, mich darin zu üben, weniger Vergleiche anzustellen.

_____
Ort

_____
Datum

_____
Unterschrift

Vertrag Nr. 32

BESCHEIDENHEIT

Könner und Möchtegerne unterscheiden Bescheidenheit und Arroganz.

Mit Bescheidenheit beginnt der Verstand.
– Klaus Harpprecht –

Bescheiden können nur die Menschen sein, die genug Selbstbewusstsein haben.
– Gabriel Laub –

Der erfolgreichste Versandhändler der Welt, Dr. Michael Otto, überzeugt ebenso durch Bescheidenheit wie es auch die große Lilli Palmer tat. Sokrates ging beiden voraus, meinte der griechische Philosoph doch: **Ich weiß, dass ich nichts weiß.**

Gerade in Zeiten des Internets mit Wikipedia wird jedem denkenden Menschen klar, was alles er nicht weiß, wie viele tausend Leben er bräuchte, um auch nur einen Bruchteil dessen zu erfahren, was ihn interessiert. Dieser Mensch wird bescheiden und bemüht sich, so viel zu lernen, zu erfahren, zu erkunden wie möglich in den wenigen Jahren, die auch einem Hundertjährigen nur zur Verfügung stehen. Und dann wird er, sofern er kann, reisen, reisen, reisen, um den Blick über den heimischen Tellerrand werfen zu können.

Anders der Überhebliche. Der weiß alles. Häufig besser. Die Leugner des Holocaust, um ein Beispiel zu nennen, sind an Dummheit ebenso wenig zu toppen wie andere, deren Wissen dem eines Einzellers gleicht. Und weil diese Menschen so dumm sind, überspielen sie ihre Wissenslücken oft mit Arroganz, was jeder auch nur umfassend Halbgebildete sofort durchschaut. Schlimm sind auch die vielen Spezialisten, die zu Fachidioten mutierten, Erfinder des Tunnelblicks und der Scheuklappen für den homo sapiens. Sich mit ihnen zu unterhalten, müsste mit Schmerzensgeld honoriert werden. Wie anders die Bescheidenen mit Allgemeinwissen und Bildung.

Wenn Sie feststellen, dass Sie zu den Unbescheidenen zählen, sich bisher aber die Ursachen für dieses langweilende Verhalten nicht eingestanden haben, sind Sie bereits einen Riesenschritt weiter, weil Sie ab jetzt handeln werden, indem Sie sich ändern.

Mediziner wurden und werden trotz ihrer oft irreparablen Fehler »Götter in Weiß« genannt. So einer Bezeichnung liegt eine gehörige Portion arrogantes Verhalten zugrunde. Wie anders der Arzt Albert Schweitzer! Anstatt sich von arrogantem Gehabe beeindrucken zu lassen, ist es doch viel sinnvoller, danach zu fragen, warum er/sie das nötig hat. Oft handelt es sich um aufgeblasene Zwerge, deren einzige Größe der Schatten ist, den sie werfen.

Der Spruch des ehemaligen Boxweltmeisters Cassius Clay ging um die Welt. Clay sagte: I am the greatest, ich bin der Größte. Er war der Größte unter Boxern, motivierte sich durch diesen Spruch und erregte weltweit Aufmerksamkeit. Seine Unbescheidenheit diente der Einschüchterung des Gegners. Sei's drum. Boxer verletzen mit Sprüchen niemanden. Später trat Clay zum Islam über, nannte sich Muhammad Ali, und fortan war Allah der Größte, und der Ex-Boxweltmeister trat für die Rechte der Schwarzen ein.

Ich bin der Meinung, es ist überzeugender, wenn andere beziehungsweise Zahlen – **Zahlen lügen nicht** – bekunden, dass ein Mensch oben steht. Da aber unser Zeitgeist ein recht schrilles Kerlchen ist, gibt es Berufe, bei denen lautes Klappern zum Handwerk gehört. Warum? Weil die Medien – jetzt habe ich mächtig pauschalisiert, Absicht – derart für globale Abstumpfung sorgen, dass leise und Zwischentöne oft überhört werden. Aber irgendwann ist Schluss mit Dauerlautstärke, was das neue Interesse an Chansons belegt, weil jede Art von Leben, von Trend in Wellenlinien verläuft.

Ein weiterer Akt der Unbescheidenheit: Man läuft für seinen Designer Reklame. Dabei geht es vielen nicht nur um die schöne Kleidung, sondern durch das sichtbare Etikett ebenso darum, dass die Trägerin/der Träger zeigt, was er sich leisten kann. Wenn Erwachsene sich an diesem Spiel beteiligen, ist das ihre Sache. Wenn aber Kinder bereits im Kindergarten diffamiert werden, weil sie arm sind, so ist das unserer aller Sache. Ob die Schuluniform dagegen hilft, wage ich zu bezweifeln. Bescheidenheit als Zeichen von Bildung hilft garantiert.

Bescheidenheit ist eine Zier, doch weiter kommt man ohne ihr.
– Sprichwort –

Obiges Sprichwort trifft in vielen Fällen den Kern der Sache. Aber nur, solange wir nicht fragen, woher Besitz, Reichtum, Ruhm eines Menschen stammen. Wer vor Reichtum an sich Achtung hat, verwechselt ihn mit Leistung. Auch gewaschenes Geld ist Geld. Wenn wir alle die Frage nach dem Woher zuerst stellen, werden Korrupte und Kriminelle zwar nicht bescheidener, aber ihr Status wird so angezweifelt, dass die Masse der Denkenden, die ich mir so sehr wünsche, ihnen keinerlei Achtung und Applaus spendet, sondern das Weite sucht.

Falsche Bescheidenheit ist fadenscheinig und häufig das Attribut von Schleimern, leicht zu durchschauen und abstoßend. Wahre Bescheidenheit hingegen deutet auf einen Souverän hin, einen Menschen, der Kasperlegehabe nicht nötig hat und gerade deswegen so beeindruckt, was mitnichten heißen soll, dass Bescheidenheit und Eitelkeit Kontrahenten sind. Warum auch?

Ihre Entscheidung lautet nicht »Bescheidenheit oder Arroganz«, nein, sie lautet: Täte mir etwas mehr Bescheidenheit gut, käme ich damit bei den Menschen, die ich achte, besser an, bringt sie mich weiter? Diese Frage ist häufig schwierig zu beantworten, deshalb lohnt es sich, sich in Bescheidenheit zu üben, was keinesfalls heißt, dass Sie Ihr Licht unter den Scheffel stellen sollen. Es ist die Ausgewogenheit, die zählt.

Was auf der Bühne angebracht ist, der Auftritt, hat heute Einzug in alle Lebensbereiche gehalten. Jeder hat seinen Auftritt, inszeniert, setzt sich in Szene. Artifiziell, trendy, glamourös, naiv, unnahbar, knallhart, jovial etc. Narzisstisch auf alle Fälle. Überzeugend ist, in aller Bescheidenheit, nur eines: Seien Sie Sie selbst. Weil das so selten geworden ist, werden andere dann garantiert über Sie reden: »Was nur hat er/sie, das mir fehlt?!«

Hiermit verspreche ich,

_____ ,

mir, mich in Bescheidenheit zu üben.

_____

Ort

_____

Datum

_____

Unterschrift

Vertrag Nr. 33

SPIEL & SPORT

Mens sana in corpore sano – ein gesunder Geist steckt in einem gesunden Körper, sagten die alten Römer.

Denksport als einzige Betätigung produziert Wissen und reduziert Muskeln.

Ich habe ein einfaches Rezept, um fit zu bleiben: Ich laufe jeden Tag Amok.
– Hildegard Knef –

Die Deutschen werden immer dicker. Warum? Weil selbst Wurst Glucose zugesetzt wird, worauf die Bauchspeicheldrüse mehr Insulin ausschüttet, was – sehr vereinfacht ausgedrückt – dazu führt, dass der Esser nicht satt wird, sondern Hunger bekommt. Und das Gewicht steigt, was zu vielen Krankheiten führt.
Stellen Sie sich einmal vor, wir wären alle gesund. Das wäre für die Pharmaindustrie und die Krankenkassen ein absolutes Desaster. Dann würden die Versicherungs-Stahl-Glaspaläste verwaisen. Ganz so weit wird es nicht kommen trotz überzeugender Forschungsergebnisse. Aber sind nicht Sie es, der über die Gesundheitsreformversuche schimpft? Dann wehren Sie sich, indem Sie Sport treiben und die Zutatenlisten studieren: Zu viel Fett macht fett. Inhaltsstoffe mit der Endung -ose sind Zuckersorten: Saccharose, Fruktose, Glukose, Maltose, Laktose, Dextrose. Sie machen hungrig und sorgen für Dauerbeschäftigung der Zahnärzte. Einseitige Diäten produzieren den Jojo-Effekt und und und. Wer ein Bewegungsmuffelchen ist, muss nicht gleich Olympia anvisieren.

Für ihn reicht es, an die Verursacher seiner zu vielen Pfunde zu denken: Euch werde ich es zeigen! Mich vergiftet keiner mehr! Ich gehe ab heute jeden Tag dieses Monats zwanzig Minuten so schnell ich kann, was ich im nächsten Monat auf fünfundzwanzig steigern werde. Im übernächsten auf dreißig. Dann reicht es, wenn ich das Programm jeden zweiten Tag durchhalte. Nachlassen werde ich nicht, dazu steckt viel zu viel Wut in meinem Bauch! Wenn genau der abgenommen hat, weil ich mich gesund ernähre und weitgehen auf Dosen- und Tütenfutter verzichte, bis auf sehr wenige Ausnahmen, setze ich mir ein neues Ziel: joggen, tanzen, Fußball spielen, Tennis, Pilates, Feldenkrais, die fünf Tibeter, schwimmen, boxen, Krafttraining, Selbstverteidigung und und und! Euch werde ich es zeigen!

Bewegung ist, sofern Sie nicht krank sind, altersunabhängig, Sport ist Spiel, und spielen wollen wir doch alle, weil die Kinderzeit erst seit kurzem vorbei ist. Suchen Sie sich einen oder mehrere Spielgefährten, die schnell zu Freunden werden können. Schluss mit Einsamkeit und steifen Knochen. Lebt wohl, ihr ungeliebten Pfunde!

Sie werden durch Sport und Spiel rundum belohnt, weil Ihr Hirn beim Sporttreiben Endorphine produziert. Und die machen gute Laune. Das ist unter anderem einer der Gründe, weshalb viele Menschen so gern joggen. Da gibt es doch nur eins: Seien Sie ein Egoist!

Hiermit verspreche ich,

_____ ,

mir, vorerst einen Monat lang täglich zwanzig Minuten zügig zu gehen.

_____

Ort

_____

Datum

_____

Unterschrift

Vertrag Nr. 34

NEUE WEGE ZULASSEN

Langweiler treten bedeutend auf der Stelle.

**»Das haben wir immer so gemacht, und deswegen
werden wir es auch in Zukunft so machen«
ist ein kalkhaltiges Argument.**

**Jeder, der neue Wege geht, wird angefeindet,
bevor die Masse ihm folgt.**

**Neue Wege produzieren Aufbruchstimmung, die
ungeahnte Kräfte und Möglichkeiten freisetzt.**

Picasso, Schönberg, die Beatles, Kafka, Einstein, Virchow, Borchert,
Gandhi, Christus, Buddha, Martin Luther (King) und unzählige andere gingen neue Wege, waren Wegbereiter und beschenkten uns
mit neuen Blickwinkeln.

Die oben Genannten dachten und handelten originär, womit sie
sich wohltuend von unserer Zeit unterscheiden, in der schon Kopien von Kopien bewundert und kopiert werden. Für Chinesen
mag es ein Kompliment sein, abgekupfert zu werden und abzu-
kupfern, für alle anderen ist es nicht nur urheberrechtlich ein Armutszeugnis.

Gewinner schwimmen häufig gegen den Strom. Ob Wissen-
schaftler oder Künstler, ob Politiker oder Affenzüchter, eines ist
allen gemein: Wer gegen den Strom schwimmt, wird zuerst ver-

lacht, dann angefeindet und verspottet, bevor alle seine Entde-
cker waren, die selbstverständlich immer wussten, dass XYZ ein
Genie ist, die Häme niemals nachvollziehen konnten, weil sie sich
auf einem anderen Level bewegen als die Beschränkten. Erfolg
hat immer viele Eltern. Darin unterscheidet er sich vom Gegenteil,
das stets nur einer zu verantworten hat.

Sie haben sich entschlossen, neue Wege zuzulassen. Dann nehmen Sie das Wort »Wege« bitte einmal wörtlich: Steigen Sie mit
dem anderen Bein als üblich aus dem Bett, nehmen Sie, sofern
möglich, einen anderen Weg zur Dusche! Zahnbürste in die andere Hand, Haare anders kämmen und Abschied von Ihrem gewohnten Look etc. Wer neue Wege zulässt, bemerkt oft, wie
festgefahren er ist. Da drehen nicht nur die Räder durch, sondern
ebenso flexible Mitmenschen. Neue Wege sind für den Dauerred-
ner, gewöhnlich weiblich, ab und zu zu schweigen, für den Dauer-
kritisierer loben, für den Flippigen political correctness, für den
Schreihals Zimmerlautstärke, für den Verleumder und Lügner die
Wahrheit. Neue Wege zulassen heißt, neue Facetten an sich zu
entdecken, diese zu zeigen und dadurch interessant zu werden.
Sogar der Dauerintrigant langweilt nicht nur in Soaps, sondern
auch im Leben ebenso wie derjenige, der stets von »vielen Bau-
stellen« als Zeichen seiner Neuorientierung spricht und nach zehn
Jahren genau das Gleiche macht wie davor.

Für spontane Menschen ist es leicht, umzuschalten, ein neues
Programm zu avisieren, es umzusetzen. Dieser Typus liebt die Veränderung, weil sie ihn herausfordert. Das Gegenteil ist der Routi-
nearbeiter. Bloß nichts Neues ausprobieren oder gar lernen, alles
soll seinen gewohnten Gang gehen. Dieser Typ ruft in flexiblen,
interessierten, aufgeweckten Menschen eine Art seelischen
Schüttelfrost hervor, ist er doch die Mensch gewordene Bremse.
Ich bin der Meinung, dass es schon längst überfällig ist, die Bibel
dem dritten Jahrtausend anzupassen. Die Treue bis in den Tod
mochte sinnvoll sein, als der Mensch mit 32 Jahren starb, und
wird auch heute angestrebt. Aber derjenige, der seinen Partner
erst in der Ehe kennen lernt und feststellt, dass zwei Menschen

eben doch nicht zusammenpassen, ist doch kein Sünder! Und die Hölle samt Satan und Fegefeuer? Sie gehört meines Erachtens nach über 2000 Jahren nach Erscheinen des Werkes in den Bereich Märchen/Fantasy wie auch die Apfel-Schlangen-Geschichte. Es könnte doch heißen: »Vor über 2000 Jahren waren unsere Vorfahren der Auffassung ...« Wir können dem Evolutionsgedanken nichts Gleichplausibles entgegensetzen. Wir können aber an einen Schöpfer der Evolution glauben.

Hiermit verspreche ich,

_____ ,

mir, neue Wege zuzulassen.

_____
Ort

_____
Datum

_____
Unterschrift

Vertrag Nr. 35

VORURTEILE VERMEIDEN

Der Schoßhund der Dummen heißt Vorurteil.

Wer Vorurteile nachplappert, liebt second head.

Wozu Vorurteile schlimmstenfalls führen, können wir in Geschichts-büchern lesen. Was unterscheidet das Vorurteil vom Urteil? Das Vor-urteil ist das nicht hinterfragte Urteil eines anderen, immer geprägt durch subjektive Vorlieben und Abneigungen bis hin zum blanken Hass. Das Vorurteil hat schon mehr Beziehungen vergiftet als Ach-tung und Toleranz, Freundschaft und Liebe geschaffen haben.

Ich gebe Ihnen ein Beispiel, das viele Menschen auf die eine oder andere Art kennen: Die Lebensgefährtin Ihres alten Freundes ist neidisch auf Sie. Warum ist nebensächlich. Er hat Sie eingeladen, weil er ihr beweisen möchte, dass Sie ein loyaler, liebenswerter Mensch, eine Bereicherung auch für sie, sind. Der Abend verläuft harmonisch, als er das Haus überraschend verlassen muss. Nach fünf Minuten klingeln die Nachbarn und wollen das Paar auf ein Glas Wein zu sich rüberholen. Sie flüstert, dass sie Besuch von ausgerechnet Ihnen habe und er fort musste. Die hilfsbereiten Nachbarn wollen ihre Nachbarin mit dem Scheusal, über das sie schon viel gehört haben, nicht allein lassen und bitten auch Sie säuerlich lächelnd zu sich. Die Situation ist angespannt. Sie fühlen sich nicht wohl, reden nur wenig, nachdem die erste Spitze gefal-len ist. Sie verabschieden sich, »weil Sie nicht weiter stören möch-ten«, als der Nachbar Sie unerwartet herzlich bittet zu bleiben. Die Ladies werfen sich vielsagende Blicke zu. In dem Moment sagt der

Mann: »Sie erinnern mich an eine alte Schulfreundin.« Das Eis des Vorurteils ist gebrochen, es wird nicht mehr hinter Ihrem Rücken getuschelt, wenn Sie den Raum verlassen. Sie tauen auf und zeigen den Nachbarn, wer Sie sind. Der Abend wird harmonisch.

In oben zitiertem Beispiel spricht es nicht für die Nachbarn, dass sie ein Negativurteil als Vorurteil übernommen hatten. Was aber für den Mann spricht, ist die Tatsache, dass er es revidiert hat. Dumm gelaufen für die Neidische.

Wenn Sie sich von Vorurteilen – für hoffentlich immer – verabschieden wollen, bedarf es grundlegender Ehrlichkeit sich selbst gegenüber. Fragen Sie sich: Wen setze ich gern als Sündenbock ein? Wen beneide ich? An wem lasse ich kein gutes Haar? Über wen rede ich schlecht? Welche Gruppe verachte ich? Wen lasse ich nicht an mich heran? Wem gehe ich aus dem Weg? Die Menschen, Gruppen oder auch Völker, die Ihnen auf diese Fragen einfallen, können diejenigen sein, die Sie mit einem Vorurteil belegen. Können, nicht müssen. Wenn Sie die genaue Kenntnis über ein Verhalten haben, werden Sie sich Ihr eigenes Urteil bilden und danach handeln.

Wer sich von Vorurteilen trennt und stattdessen fragt, von wem, aus welchem Grund das (Vor-) Urteil stammt, hat einen großen Schritt in Richtung Miteinander getan und es verdient, sich mit einem Essen mit Freunden oder einem kleinen oder großen Fest zu belohnen.

Hiermit verspreche ich,

_____ ,

mir, mich konsequent von Vorurteilen zu verabschieden.

_____

Ort

_____

Datum

_____

Unterschrift

Vertrag Nr. 36

TRÖSTEN STATT WEGSEHEN

Wer nicht tröstet, wird nicht getröstet.

Auch die beunruhigendste Gegenwart wird bald
Vergangenheit. Das ist immerhin tröstlich.
– Thornton Wilder –

Wenn man den Weg verliert,
lernt man ihn kennen.
– Sprichwort aus Afrika –

Das Glück trennt die Menschen,
aber das Leid macht sie zu Brüdern.
– Peter Rosegger –

Um »Les pompes funèbres«, die pompösen Begräbnisse, geht es in einem großen französischen Chanson. Ein Mensch wird zu Grabe getragen, und viele spenden den Hinterbliebenen Trost, sind stolz, dass sie zum Kreis des Verstorbenen gehören. Das ist die eine Seite, aber es gibt auch die andere: Da folgt ein einzelner oder zwei Menschen einem Sarg oder einer Urne. Die dritte Variante: total zerstrittene Familien. In diesem Fall laden die Hinterbliebenen andere, die den Verstorbenen mindestens ebenso liebten wie sie, gar nicht ein. Da steht dann einen Tag nach der Beisetzung ein Mensch bitterlich weinend am Grab und möchte genau das, was bei den pompes funèbres im Überfluss gespendet wird auch: Mitgefühl, in den Arm genommen, gestreichelt werden.

Geben Sie dem Verlassenen, was er braucht. Ihnen kann doch nicht mehr passieren, als dass dieser Mensch Sie und Ihre Hilfe, Ihr Mitfühlen ablehnt. Und?! Ich kann nur aus Erfahrung berichten, dass ich immer auf diesen einzelnen Menschen zugehe. Abgelehnt wurde ich noch nie, im Gegenteil, wir freuten uns, wenn wir uns wieder auf dem Friedhof begegneten, Freundschaften bildeten sich, und das alles, weil ich den so wichtigen Schritt auf einen anderen zu machte.

Wer ein weinendes Kind nicht sofort fragt, warum es Kummer hat und ob er helfen kann, selbstverständlich mit Abstand, wenn er das Kind nicht kennt, handelt für mich unmenschlich. In den meisten Fällen hat der Mensch diese zwei, drei Minuten Zeit. Wer sich aber grundsätzlich aus allem raushält, wie derlei Gefühlskälte und Gleichgültigkeit häufig umschrieben werden, darf sich nicht wundern, wenn ihm dereinst auch niemand beisteht. Kein Leben besteht nur aus Glück, und so ist es unter anderem Selbstzweck, Trost zu spenden. Oft schreien diejenigen, denen andere meist egal waren, am lautesten nach Beistand, oder – eine Stufe grotesker – klagen die Welt und ihre Schlechtigkeit an. **Wer Wind sät, wird Sturm ernten, wer aber Liebe und Verständnis sät, dessen Ernte wird genau diese Früchte hervorbringen.** Es gibt so viele Möglichkeiten, Trost zu spenden: bei Krankheit, beim Verlust der Arbeit, bei Trennung, Scheidung, Mobbing, zerplatzten Träumen, Unfällen, Traurigkeit, Depression, Hoffnungslosigkeit, Mutlosigkeit, Ratlosigkeit, Einsamkeit. Bei materiellem Verlust. Wenn Ihnen die Worte fehlen, drücken Sie dem anderen die Hand, nehmen ihn in den Arm, streicheln ihn. Oft reicht ein »Sie können mich anrufen«, »wenn ich Ihnen helfen kann, lassen Sie es mich wissen.«
Quidquid agis, prudenter agas et respice finem – was du auch tust, handle klug und bedenke das Ende. Diese jahrhundertealte Weisheit wird ihre Gültigkeit nie verlieren.

Natürlich gibt es extrem schüchterne Menschen, die meinen, sie könnten niemals auf einen Fremden zugehen. Ihnen sage ich: **Über den eigenen Schatten springen ist eine Sportart, die**

nur Vorteile bringt. Probieren Sie sie aus, und geben Sie nicht gleich auf. Denn plötzlich schrumpft der Schatten, und Sie springen höher, weiter, vor allem aber losgelöst von selbstgefertigten Fesseln.

Hiermit verspreche ich,

_____ ,

mir, Traurige, Trauernde, Kranke und andere Not Leidende zu trösten.

_____

Ort

_____

Datum

_____

Unterschrift

Vertrag Nr. 37

DEN AUGENBLICK NUTZEN

Ein einz'ger Augenblick kann alles umgestalten.
– Wieland, Oberon –

Doch der den Augenblick ergreift,
das ist der rechte Mann.
– Goethe, Faust I –

Was man von der Minute ausgeschlagen,
gibt keine Ewigkeit zurück.
– Schiller –

Diese Situation kennen alle, die den Augenblick nicht nutzen: Sie sehen einen wunderschönen Pullover, genau so einen wollten Sie schon immer haben. Sie stehen davor, halten ihn an, schauen nach dem Preis, legen ihn zurück ins Regal, überlegen, ob Sie ihn wirklich brauchen. In diesem Augenblick kommt eine Lady, schnappt ihn sich und eilt vergnügt zur Kasse.

Den Augenblick nutzen zu können, hat etwas zu tun mit schneller Entscheidung, mit nehmen und zugreifen können. Dazu ist es unabdingbar, den für Sie so wichtigen Augenblick zu erkennen und sofort zu handeln. Was nützt es Ihnen, wenn Ihre Traumfrau vor Ihnen steht, und Sie sprechen sie nicht an?! Es gibt Formulierungen, auf die jeder antwortet. »Kaffee mit oder ohne Milch?« Die Antwort kann lauten: »Cappuccino. Wieso?« »Weil ich Sie dazu einladen möchte.«

Jeder nutzt den Augenblick anders, seinem Naturell entsprechend. Manche denken erst hinterher über ihr Handeln nach. Hierzu ein Beispiel: Sie haben genau die Aufgabe bekommen, die Sie sich gewünscht hatten, und fallen demjenigen, der Ihnen das Geschenk gemacht hat, vor Freude um den Hals. Sie lösen damit sicher Verwunderung aus, weil derlei im Geschäftsleben nicht üblich ist, aber: **Kein Virus ist so ansteckend wie Freude, Glück, Begeisterung.** Um das Beispiel eines sehr spontanen Menschen zu vervollständigen: Ich bin mit genau diesem Geschäftspartner nun seit über zwanzig Jahren befreundet. Er stutzte damals, staunte und sagte zu den übrigen Anwesenden bei Vertragsunterzeichnung: »Wer glaubt, die Chefetage ist gegen Freude immun, irrt.«

Den Augenblick nutzen heißt auch abschalten, entspannen, genießen können. Endlich scheint die Sonne nach einem dunklen Winter wieder. Also alles stehen und liegen lassen und zumindest für eine halbe Stunde nach draußen gehen und sich freuen. Das geht natürlich nur, wenn Sie Probleme, Sorgen, Ärger nicht mitnehmen.

Wer sich klarmacht, dass unser ganzes Leben eine Aneinanderreihung von Augenblicken ist, wird mit der Minute bedachter, vorsichtiger umgehen als derjenige, für den nur die Jahresbilanz zählt. Mögen Sie sehr sehr oft die Gelegenheit haben, wie Goethe es im Faust II ausdrückte, zu denken, fühlen, auszusprechen: »**... werd' ich zum Augenblicke sagen: Verweile doch, du bist so schön!**«

Hiermit verspreche ich,

_____ ,

mir, den Augenblick zu nutzen.

_____

Ort

_____

Datum

_____

Unterschrift

Vertrag Nr. 38

TOLERANZ

Toleranz heißt, die Fehler der anderen zu entschuldigen. Takt heißt, sie nicht zu bemerken.
– Arthur Schnitzler –

Intoleranz ist Schach für Kleingeister.

Toleranz ist das unbehagliche Gefühl, der andere könne am Ende vielleicht doch Recht haben.
– Robert Frost –

Tolerare = erdulden, ertragen, haben wir im Lateinunterricht gelernt. Einen Menschen zu ändern ist leicht, sofern es sich um denjenigen handelt, der Ihnen morgens aus dem Spiegel entgegenschaut. Alle anderen müssen Sie ertragen, wie sie sind.

Gegen Verbrechen jeglicher Art haben wir Gesetze geschaffen, was nichts anderes heißt, als dass wir uns nicht mit allem abfinden. Lassen wir die Extremfälle, die zugegebenermaßen zunehmen, einmal außer Acht, dann bleibt der »ganz normale« Mitmensch derjenige, den es geduldig zu erdulden, zu ertragen gilt. Bitte vergessen Sie nicht, dass auch Sie zu dieser Gruppe gehören.

Da gibt es den Ängstlichen, den Unsicheren, den beziehungsweise die Hysterische (*hysteria* ist griechisch und heißt Gebärmutter), den Leichtsinnigen, den Spieler, den Verharmloser, den Optimisten, Pessimisten, Großzügigen, den Geizigen, den Gleichmacher, den Eitlen, Mittelpunktsüchtigen, den Alkoholiker, den Vegetarier, den Christen, Juden, Moslem, den Buddhisten, Hindu, Esoteriker, den Depressiven,

Infantilen, Naiven, Berechnenden, Arroganten, Lügner, Verleumder, Haltlosen, Unhöflichen, Sein-Fähnchen-nach-dem-Winde-Hängenden, den Unterwürfigen, den Frechen, Ungehobelten, Neunmalklugen, Dummen, den Mutigen, Standhaften, Loyalen, das Müttertöchterchen und -söhnchen und denjenigen, der von allem etwas mehr oder weniger hat. Und jeden gilt es zu tolerieren, was überaus schwierig sein kann.

Tolerant zu sein erfordert manchmal geradezu übermenschliche Nachsicht, Einsicht, gottähnliches Verständnis. Und daher ist es gut, dass natürlich auch Toleranz Grenzen kennt. Und genau die wird derjenige ziehen, der sich in Bezug auf eine Person oder Gruppe um tolerantes Verhalten, was verzeihen können beinhaltet und dadurch einen möglichen Neuanfang impliziert, mehrmals bemüht hat und abgelehnt wurde. **Auch Toleranz macht sich nicht zum Affen.**

Nur ein souveräner Mensch ist zur Toleranz fähig, obwohl sie auch ihm viel abverlangt. Zu viel Toleranz wird als Schwäche oder Desinteresse ausgelegt, was durchaus den Tatsachen entspricht. **Leben und leben lassen, ja. Sich zum Kasper machen, nein.** Wer sich diese Maxime zu eigen macht, wird dort tolerant agieren, wo es das Miteinander fördert, und dort nach Grenzen rufen, wo einer oder eine Gruppe sich auf Kosten anderer Vorteile verschafft, stört, verleumdet, lügt und meuchelt.

Hiermit verspreche ich,

_____,

mir, mich um tolerantes Verhalten zu bemühen.

_____
Ort

_____
Datum

_____
Unterschrift

Vertrag Nr. 39

TABUS ACHTEN

Das Tändeln mit Tabus genügt nicht.
– Martin Walser –

**Ein zerschlagenes Tabu ist kein Tabu mehr.
Es gibt aber Leute, die meinen, man könne
dasselbe Tabu immer wieder zertrümmern.**
– Jean Genet –

Verbrechen und Quote brechen alle Tabus.

Es gibt Tabus, die brechen nur Hirnkranke. Wer sich an Kindern, Frauen und Männern sexuell vergeht, ist so ein Gestörter, auf dessen Krankheit, Triebe, Vergangenheit die Gesellschaft trotz aller Toleranz keine Rücksicht nehmen kann. Noch gibt es keine Pille gegen diese Abartigkeit. Derlei Verbrecher, die in allen Völkern und Gesellschaftsschichten vorkommen, gehören inhaftiert. Das Gleiche gilt für die Macher, Verbreiter und Seher von Kinderpornographie. Nur Perverse der schlimmsten Art zwingen Kinder dazu, Kindersoldaten zu werden. Wer sich der Schwächsten, auf welche Art auch immer, bedient, bricht das Gesetz, Kinder weltweit zu schützen. Punkt.

Aus Dänemark stammen die Mohammedkarikaturen. Sich über die Religion, den Glauben eines anderen lustig zu machen, ist ein Tabubruch, der allerdings, was Christen betrifft, in den Ländern, die zum sogenannten heiligen Krieg aufrufen, erlaubt ist. Machen wir uns nichts vor: Mohammed hat nie zu Selbstmordattentaten aufgerufen, und in der Bibel steht nichts von Kreuzzügen, Inquisition, Papst und Zölibat. Da Gläubige stets »Überzeugungstäter« sind, halte ich es für klug, sich ihnen mit Einfühlungsvermögen, Takt und Sensibilität zu nähern. Das hat nichts mit Feigheit zu tun, ist aber oftmals der einzige Weg, um in das so wichtige Gespräch zu kommen. Besserwisserei, Rechthaberei und Diffamierung haben noch nie zur Einigung geführt. Das kann nur der Dialog.

Wer sich über Krankheiten und anderweitige Behinderungen lustig macht, hat damit ein Tabu der zivilisierten Gesellschaft gebrochen und sich als primitiver Oberprolet bloßgestellt. Dasselbe gilt für denjenigen, der Armut, Obdachlosigkeit und Hunger verspottet.

Für ausgesprochen viele Tabubrüche sind die Medien verantwortlich. Da wird Otto Normalverbraucher in die absolut sehenswerte Welt der Gerichtsmedizin eingeführt. Schade, dass sich der Geruch, der solche Locations ausmacht, noch nicht per TV übertragen lässt, die Zuschauerzahlen würden drastisch sinken. Die Tabubrüche des Fernsehens bringen Quote. Paketband zum Maulverkleben, Messer zum Abstechen, Autos zum Plattmachen, Baseballschläger zum Hirn-raus-Hauen, Pistolen zum Durchlöchern, Strümpfe zum Erdrosseln, was in seltenen Fällen auch noch von Hand gemacht wird, dann aber Erwürgen heißt, Pillen und Tropfen zum Vergiften, Züge fürs Schmetterling-auf-der-Windschutzscheibe-Gefühl und Badewannen, Seen, Flüsse und Meere zum Ersäufen. Selbstverständlich kann man auch Bomben basteln und Feuer legen. Nicht zu vergessen sind Containerinsassen so wahnsinnig spannender Shows wie »Big Brother« oder »Ich bade knack-knack in Kakerlaken, also bin ich ein Star«.
Ich vermisse die wöchentliche Last Minute Show, natürlich real, denn sonst macht Tod garantiert weder Quote noch Fun.
Sie können mich gern für gestrig halten, aber ich bin der Meinung, derlei Vor-Bilder ziehen Nachahmer nach sich. Ob Psychologen meiner Meinung sind oder nicht, ist mir gleichgültig. Schließlich waren sie es, die Jahrzehnte lang gepredigt hatten, eine Frau solle den Vergewaltiger gewähren lassen, um seine Aggressionen nicht zu steigern, anstatt zu schreien, beißen, treten, schlagen. Dazu Max Planck: **Irrlehren der Wissenschaft brauchen fünfzig Jahre, bis sie**

durch neue Erkenntnisse abgelöst werden, weil nicht nur die alten Professoren, sondern auch deren Schüler aussterben müssen. Die Psychologie wird nach wie vor nicht als Wissenschaft bezeichnet. Oder wie Johannes Groß es in seinem Tagebuch ausdrückte: Im Jahre 2010 wird Sigmund Freud zu den großen Unterhaltungskünstlern zählen.

Eine Gesellschaft ohne Tabus ist unzivilisiert, auch wenn sie ihre Tabubrüche gern als »künstlerische Freiheit« bezeichnet. Lebende Fische im Mixer zu zerkleinern, ist keine Kunst, sondern Perversion. Einen guten Flügel aus dem dritten Stock zu werfen, erringt zwar Aufmerksamkeit, und um die allein geht es, ist aber keine Kunst. Wer würde nicht gern nach dreihundert Jahren noch einmal einen Blick auf die Erde werfen, um zu sehen, was sich alles überlebt hat?!

Es lohnt sich für Sie, Tabus sowohl zu achten als auch zu hinterfragen. Es lohnt sich ebenfalls, Tabus zu brechen wie die Omertà von Mafiosi, Bankern und anderen Mitgliedern einiger ehrbarer Gesellschaften, wenn es sich um Korruption, Geldwäsche und Steuerhinterziehung handelt. Gerade gewaschenes Geld wurde oft mit erzwungener (Kinder-) Prostitution und Drogen erwirtschaftet, also mit einem Tabubruch zu Lasten der Schwächsten, Ärmsten, Wehrlosesten.

Hiermit verspreche ich,

_____ ,

mir, mich intensiv mit Tabus zu beschäftigen, um mich dann dafür oder dagegen entscheiden zu können.

_____

Ort

_____

Datum

_____

Unterschrift

Vertrag Nr. 40

KOMPROMISSE SCHLIESSEN

Wer die drei Ks beachtet, wird viel erreichen:
Der Kompromiss ist der Königsweg der Klugen.

Ein Kompromiss ist die Kunst, den Kuchen
so zu teilen, dass jeder meint,
er habe das größte Stück bekommen.

– Ludwig Erhard –

Ein Kompromiss ist nur dann gerecht,
brauchbar und dauerhaft, wenn beide Parteien
damit gleich unzufrieden sind.

– Henry Kissinger –

Alle Kriege, Fehden, Dauerstreitigkeiten sind Zeichen von Kompromisslosigkeit. Zwei Menschen, Familien, Stämme, Völker, Rassen leben zwar auf dem gleichen Erdteil, sind aber nicht bereit, sich entgegenzukommen. Jeder beharrt starrsinnig auf seinem – vermeintlichen – Recht. Oft sind derlei »Rechte« ererbt, gestohlen, überholt und werden als unabänderlich angesehen. Besonders von denjenigen, die einen Vorteil daraus ziehen. Ein bekanntes Beispiel sind die Verhandlungen zwischen Arbeitgebern und Gewerkschaftern. Manchmal dauert es sehr lange, bis eine Einigung erzielt wird, aber letztendlich siegt die Vernunft auf beiden Seiten. Anders die Stammesfehden in Afrika. Dort »siegt«, wer am meisten mordet, was uns Europäern aus dem ehemaligen Jugoslawien sowie der Historie bekannt vorkommen dürfte.

Leidet die Hälfte der Menschheit neuerdings an Schizophrenie, die auf Deutsch Spaltungsirresein heißt? Der Spaltpilz findet stets Gründe zum Separieren und Entzweien, weil es ihm allein darum geht. Er ist nur an seinem Wohl, dem seiner Familie, seines Stammes, seiner Religion etc. interessiert und blickt nicht über den Tellerrand, geschweige denn denkt er voraus, weil ihm diese Fähigkeit gänzlich abgeht. Kant drückte diesen Tatbestand wie folgt aus: **Nicht Mangel an Wissen, Mangel an Urteilskraft ist, was wir Dummheit nennen.**

Wer sich klarmacht, dass ein Kompromiss dem Miteinander und Füreinander anstelle des Jeder-für-sich und Gegeneinander entspringt, begreift, dass der Kompromiss oft dem Sieg über sich folgt. So gesehen ist jeder Kompromiss ein Akt von Disziplin. Selbstverständlich ist es viel bequemer, auf seinem Standpunkt zu beharren, Schwarz oder Weiß zu fordern. Nur hat Bequemlichkeit noch nie zu einem wie auch immer gearteten Erfolg geführt. Sie verführt. Zu Dummheit und Uneinsichtigkeit samt den daraus resultierenden Folgen.

Der Kompromiss bedarf oft einer Überwindung. Wenn sich aber zwei Streithähne die Hände zum Frieden oder auch nur zu einem zivilisierten Miteinander reichen, so haben beide einen Doppelsieg errungen. Erstens über sich und zweitens für die Sache. Ohne Kompromissbereitschaft, die immer das Verlassen der allein seligmachenden eigenen Meinung beinhaltet, wird es im Nahen Osten zum Beispiel niemals Frieden geben.

Es geht bei jedem Kompromiss um einen Mauerfall, wenn auch nicht so spektakulär wie der von 1989, aber es geht stets um die Überwindung von Trägheit, Bequemlichkeit und Angst. **Mutige und Vorausdenkende wählen den Kompromiss, Feiglinge und Starrsinnige plädieren für entweder ... oder.**

Wenn Sie bisher, ehrliche Selbsteinschätzung vorausgesetzt, zu den Spaltpilzen gehörten, so haben Sie es sich verdient, sich nach Ihrem ersten Kompromiss zu belohnen. Mit einem Flug?

Einer Ballonfahrt? Oder mit etwas weniger Symbolträchtigem in Richtung Aufstieg.

Aller Anfang ist schwer, heißt es schon in der Bibel. Stimmt. Der zweite Kompromiss wird Ihnen leichter fallen.

Hiermit verspreche ich,

_____ ,

mir, mich auf den Königsweg der Klugen zu begeben und Kompromisse einzugehen.

_____

Ort

_____

Datum

_____

Unterschrift

Vertrag Nr. 41

ETHIK, WERTE & MORAL

**Der Wert eines Menschen hängt ab von der Zahl
der Dinge, für die er sich schämt.**
– George Bernard Shaw –

Moral ist der erhobene Zeigefinger des Gewissens.

**Schade, dass man innere Werte
nicht versichern kann.**

Ethikos ist griechisch und heißt sittlich, demzufolge ist Ethik die
Lehre vom sittlichen Verhalten der Menschen. Sitte ist die auf den
allgemeinen Moralgesetzen beruhende Verhaltensweise. Starker
Tobak!

Im Idealfall ist der Mensch mit einem Gewissen ausgestattet, das
ihn auffordert, verantwortlich zu handeln: **Was du nicht willst, das
man dir tu', das füg auch keinem andern zu!** Würde jeder Mensch
diese Maxime befolgen, hätten wir das Paradies auf Erden, worin
Ethik, Werte und Moral Naturgegebenheiten wären. Nicht der
Rede wert, weil so selbstverständlich wie Nacktheit ohne Scham,
ein Maulkorb für sprechende Schlangen und der Elektrozaun um
einen bestimmten Apfelbaum. Die widerliche Geschichte von Kain
und Abel, der Verfall Sodoms und Gomorrhas und andere vor-
christliche Soaps wären uns ebenso erspart geblieben wie die vielen Bekehrungen, die oftmals zur Folge hatten, dass die Vernunft
auf dem Kehricht landete.

Die Einhaltung der zehn Gebote reicht im Großen und Ganzen zur Aufrechterhaltung der Grundwerte. Wobei die Ehre Vater und Mutter betreffend leider bei vielen Eltern ob der Vernachlässigung ihrer Kinder nicht naturgegeben ist. Wie wär's zur Abwechslung mit dem Gegenteil: **Du sollst deine Kinder ehren, achten und lieben.** Das wäre zu schön, um wahr zu sein, weil solche Kleinen die große Chance hätten, sichere und zufriedene Menschen zu werden.

Leider lernen viele Einzelkinder nicht zu teilen, abzugeben, Verantwortung zu übernehmen, anderen zu helfen, sich couragiert vor Kleinere und Schwächere zu stellen. Wer den heutigen Prinzessinnenkult, inszeniert von Designern und Müttern, beobachtet, kann froh sein, wenn er keinen Sohn hat, der später so einer Prinzessin dienen soll. Nicht, dass Sie mich missverstehen, sich zu verkleiden, in eine andere Haut zu schlüpfen macht Freude, fördert die Kreativität, ist Spiel. Fragwürdig wird das Ganze erst, wenn einem Kind alle Wünsche erfüllt werden. Das erzeugt Langeweile bei den Kleinsten und ständiges Fordern und Sich-in-Szene-Setzen mit Billigung und Applaus der Eltern, die ihre Kinder glauben machen, ständiges Fordern und Nehmen sei der Normalzustand. Diese süßen Babys werden kleine Biester, große Nervensägen und peinliche Geschöpfe wie Mrs. Hilton junior.

Ethik und Moral klingt hehr, abgehoben. Deshalb möchte ich diese Begriffe aus dem Wolkenkuckucksheim in die Niederungen der Alltagswelt holen. Es ist unmoralisch, Alkohol für Kinder zugänglich zu machen, es ist unmoralisch, Kindern keine Grenzen zu setzen. Es ist bar jeglicher Ethik vom »Entsorgen« Verstorbener zu sprechen. Würdelos ist es sowieso. Neuerdings kann der interessierte Besucher Krematorien besichtigen: »Guck mal, Mama kommt in den Ofen.« Ich finde derlei widerlich. Ich muss nicht alles wissen und gesehen haben. Für mich und Sie wahrscheinlich auch gibt es Grenzen, die die Ethik bestimmt, Tabus.

Selbstverständlich unterliegen Ethik, Moral und Werte wie alles andere auch einem ständigen Wandel. Vorehelicher Sex galt einmal als unmoralisch, heute gibt es Pille und Kondom. Es entsprach einmal der Wertschätzung für den gestorbenen Ägypter, seine quietschlebendige Frau in sein Grab mit einzumauern.

Früher achtete man die Alten, heute gibt es den Generationen-konflikt, demzufolge manch ein Junger die Oldies gern abschie-ben, ausrotten und entsorgen würde.

Vor vielen hundert Jahren, als der Mensch mit circa dreißig Jahren starb, war der hippokratische Eid der Mediziner, alles zur Lebens-erhaltung zu tun, angebracht. Heute lassen gerade Christen einen Menschen nicht gottgewollt sterben, sondern halten seine Funk-tionen in Gang. Teure Apparate müssen genutzt werden, sonst rentieren sie sich nicht. Ethisch? Moralisch? In diesem Zusam-menhang bitte ich Sie eindringlich, in Ihrem Interesse eine Patien-tenverfügung bei Ihrem Arzt, Freund, Notar zu hinterlegen, in der *Ihr* Wille verbindlich festgehalten wird.

Verrohung und Abstumpfung nehmen exorbitant zu. Die Klimaka-tastrophe ist letztendlich eine Folge mangelnder Ethik, mangeln-der Moral und Wertschätzung der Welt. Ich erspare mir die Vorsilbe »Um«, weil sie überflüssig ist.

Hiermit verspreche ich,

_____ ,

mir, gegen den Strom zu schwimmen und Ethik, Werte und Moral zu verteidigen und zu achten.

_____
Ort

_____
Datum

_____
Unterschrift

Vertrag Nr. 42

FAUL SEIN

**Wer dauernd wie ein rohes Ei behandelt wird,
muss mit der Zeit faul werden.**
– Lore Krainer –

Fernsehen ist die aktive Form des Faulenzens.
– Henning Venske –

Viele Menschen beneiden diejenigen, die es sich leisten können,
faul zu sein. So ein sabatical life, das wär's! Von wegen. Dass
dem nicht so ist, beweisen die vielen Rentner, Pensionäre, Pri-
vatiers, die absolut keine Zeit haben. Warum? Weil sie sich beschäftigen, nur zur Abwechslung mit dem, was ihnen Spaß
macht, und nicht nur mit dem, was sie tun müssen, um den Le-
bensunterhalt zu verdienen. Die meisten, die von Faulheit spre
chen, meinen die Freiheit, tun zu können, was sie möchten. In
vielen Fällen heißt das reisen und den künstlerischen Neigun-
gen nachgehen. Sagte doch schon Joseph Beuys, dass wir alle
Künstler sind. Dem stimme ich zu, was sich bereits in der Grund-
schule zeigt, sofern Malen, Zeichnen, Musik gefördert und nicht
gestrichen werden, weil das Informationszeitalter angeblich nur
Naturwissenschaftler braucht. Dann benötigen wir – sehr über-
spitzt formuliert – auch nur noch die linke Hirnhälfte. Da wir
aber zweihälftig sind – Neurologen bitte ich, meine Simplifizie-
rung zu entschuldigen –, sollten die sich – wie von der
Natur gedacht – ergänzen. Analyse und Traum gehören ebenso

zusammen wie Spannung und Entspannung, Stress und Faulheit. Eines bedingt das andere.

Jeder Mensch benötigt täglich *mindestens* eine Stunde Faulsein, eine Stunde nur für sich. Dass ich hierbei an Berufstätige denke, dürfte klar sein. Die wenigsten genießen das fragwürdige Privileg, sich vom Nichtstun ausruhen zu müssen, obwohl es das natürlich auch gibt.

Zu Zeiten der 80-Stundenwoche oder mehr war die Lebenserwartung deutlich geringer als heute, wo 80 Stunden nur noch für Führungskräfte ebenso normal sind wie für Alleinerziehende oder Menschen, die mehrere Berufe ausüben müssen, um überleben zu können.

Sogar Gott gönnte sich einen freien Tag. Hätte der Herr auf einem ganzen Wochenende bestanden, wäre die Zahl unserer Konstruktionsfehler geringer. Ich nehme es dem Herrn übel, dass Er vor der Erschaffung von Adam und Eva nicht ordentlich ausgeschlafen hat. Er hätte doch wahrlich etwas Vollkommeneres basteln können als das, was da vielfarbig und -sprachig Seine Erde bevölkert, diesen herrlichen blauen Planeten, der dort am schönsten ist, wo es keine oder nur wenige Menschen gibt. Der Herr hätte garantiert die Möglichkeit gehabt, Großstädte im architektonischen Einheitslook und verstopfte Straßen voller Abgase zu kreieren. Er aber schuf Berge, Wälder, Meere, Flüsse, Seen und Wüsten. Ich nehme an, dass Er sich dabei etwas gedacht hat.

Ich weiß nicht, wer der Erfinder des Urlaubs ist, wohl aber weiß ich, dass dieser Mensch weise war. Dann und wann abschalten bringt mehr Erfolg, als sich in ein Problem zu verbeißen. Pause machen, heißt loslassen, die wichtigste Voraussetzung für einen freien Kopf.

Hiermit verspreche ich,

_____ ,

mir, mir einen klaren Pausenplan zurechtzulegen
und konsequent einzuhalten.

_____
Ort

_____
Datum

_____
Unterschrift

Vertrag Nr. 43

WUNDER SUCHEN – WUNDER FINDEN

Alle Wunder gehen mit und nicht gegen die Natur.

**Es gibt kein Wunder für den,
der sich nicht wundern kann.**
– Marie von Ebner-Eschenbach –

Alltag ist nur durch Wunder erträglich.
– Max Frisch –

**Hoffnung und Glaube sind die
Bodenstation für Wunder.**

Wer sein Baby zum ersten Mal in den Armen hält, weiß, dass es Wunder gibt. Ein kleiner Kern, aus dem ein großer Apfelbaum wird, Raupe, Puppe, Schmetterling – wenn das keine Wunder sind! Wir sind umgeben von Wundern, haben uns aber an viele gewöhnt und nehmen sie demzufolge nicht mehr wahr. Die Schwerkraft ist eines, die Elektrizität, die jeder nutzt und die kaum jemand erklären kann, ein anderes. Die Unendlichkeit des Universums übersteigt das Vorstellungsvermögen der meisten Menschen. Die Anziehung zweier Menschen, aus der Liebe wird, wird immer eines der größten Wunder bleiben, auch wenn sie bereits teilweise erklärbar ist. Und dennoch denkt wohl kaum ein Verliebter daran, dass er – wörtlich – seinen angebeteten Partner gut riechen kann und ihn unter anderem seine Hormone leiten, weil die Chemie – wieder wörtlich – stimmt. Wer bereit ist, wird in vielem Wunder sehen: in der Spontanheilung, einem unerwarteten Friedensschluss, im verpassten Flieger, der abstürzte, einer kindlichen Frühbegabung, im Überleben und Vergessenkönnen, in plötzlicher Anerkennung etc.

Die Schöpfung in ihrer immensen Vielfalt wird, auch wenn wir immer mehr erklären können, das Wunder aller Wunder bleiben.

Kein Mensch erwartet ein Wunder, aber in – scheinbar – ausweglosen Situationen hoffen wir auf eines. In solchen Situationen falten auch Menschen, die sich von Gott abgewendet haben, oft wieder die Hände zum Gebet. Wer zu vieles für selbstverständlich hinnimmt, beraubt sich vieler kleiner und großer Wunder, was traurig ist, weil jedes Wunder den Keim für ein weiteres in sich trägt. Wunder machen in der Regel bescheiden, weil sie dem gläubigen Menschen Gottes Gegenwart zeigen und den Ungläubigen an Shakespeare erinnern:

**Es gibt mehr Ding' im Himmel und auf Erden,
als Eure Schulweisheit sich träumen lässt.**

**There are more things in heaven and earth, Horatio,
than are dreamt of in your philosophy.**

– Hamlet –

Hiermit verspreche ich,

_____,

mir, Wunder zu suchen und zu finden.

_____
Ort

_____
Datum

_____
Unterschrift

Vertrag Nr. 44

NICHTS ERWARTEN

Es hat keinen Sinn, auf die großen Augenblicke
zu warten. Die großen Augenblicke
kommen von selbst.
– Thornton Wilder –

Wer nichts erwartet, wird selten enttäuscht.
– Ewald Balser –

Schätze andere nach ihrem Tun,
nicht nach deinen Wünschen ein.

Da hat man sich so bemüht, einem anderen entgegenzukommen, Gräben und den eigenen Schatten zu überspringen, für ihn zu arbeiten, ein passendes Geschenk auszusuchen. Und dann folgt: nichts. Warum, weil der andere so anders ist als man selbst, möglicherweise aus einem Elternhaus stammt, das den Ellbogen für den wichtigsten Körperteil hält, oder – für mich schwer vorstellbar, aber häufig anzutreffen – den Gebrauch des kleinen Wortes *danke* etc. nicht gelernt hat. Der andere ist mit seiner Art bisher so gut gefahren, dass sie seine Eigenart geworden ist, ihn ausmacht.

Wer zu »bitte«, »danke«, »Entschuldigung« erzogen wurde, hält diese Höflichkeit für so selbstverständlich, dass er sie erwartet beziehungsweise schmerzlich vermisst, wenn ihr nicht stattgegeben wird. Dieser Mensch sollte einmal in öffentlichen Verkehrsmitteln fahren. Kaum ein Junger steht für einen Älteren auf, damit der sich setzen kann. Im Gegenteil, da werden die Plätze auch noch mit Taschen und Tüten belegt. Höflichen Fragen folgt oftmals eine rüde Antwort.

Wozu dieses Beispiel? Um Ihnen klarzumachen, dass Sie, um bei dem Beispiel Höflichkeit zu bleiben, die leider nur von einer Elite erwarten können, was absolut nichts mit dem Einkommen zu tun hat. Von seinesgleichen kann man etwas erwarten und wird in der Regel nicht enttäuscht, aber von Fremden etwas zu erwarten, ist in dieser globalisierten Gesellschaft weltfremd und bereitet dem Höflichen, Einfühlsamen Verdruss, wovon der Betonkopf, auch der kommt in allen Schichten einkommensunabhängig vor, absolut nichts mitbekommt. Was tun? Alle Erwartungen streichen.

Die Politikerverdrossenheit beruht auf enttäuschten Erwartungen. Desgleichen die hohe Zahl der Scheidungen, der Krach zu Weihnachten, im Urlaub etc.

Bleiben Sie sich treu, handeln Sie, wie es Ihrem Niveau entspricht, und ziehen Sie, wenn von der Gegenseite nichts zurückkommt, einen Schlussstrich unter Ihre Erwartungen. Akzeptieren Sie die Eigenart des anderen. Sie können ihn nicht ändern, das kann nur er. **Sie sind nicht auf der Welt, um beliebt zu sein. Der andere auch nicht.**

Wenn dann wider Erwarten die Reaktion erfolgt, die Sie sich gewünscht hatten, können Sie daran erkennen, dass der andere an sich gearbeitet hat. Jetzt gilt es abzuwarten und die weitere Entwicklung zu beobachten. Behält der andere seine neue Verhaltensweise bei, wird aus Missachtung Achtung. Das reicht. Freundschaft und Liebe kann niemand fordern.

Hiermit verspreche ich,

_____ ,

mir, mich darin zu üben, nichts zu erwarten.

_____

Ort

_____

Datum

_____

Unterschrift

Vertrag Nr. 45

KEINE RECHTFERTIGUNGEN

Rechtfertigungen sind ein probates Mittel für Kinder und Zwerge.

Wer sich rechtfertigt, macht sich klein.

Sie haben lauthals verkündet, dass Sie abnehmen wollen. Ihr Partner kommt früher nach Hause und erwischt Sie Torte mampfend vorm Kühlschrank. Er grinst. Sonst nichts, und Sie fangen an, sich zu rechtfertigen: »Das war ein Sonderangebot, und da deine Mutter uns am Wochenende besucht, musste ich testen, ob die Schwarzwälder Kirschtorte so gut schmeckt, wie sie aussieht. Das Gleiche galt für die Apfeltaschen und den Butterkuchen.« Uups! Diese Rechtfertigung war reichlich fadenscheinig. Viel charmanter wäre es gewesen, hätten Sie gesagt: »Erwischt!«

Wer sich rechtfertigt, tut das immer, nachdem das Kind mit dem Bade ausgeschüttet worden ist. Da werden dichterisch höchst mittelbegabte Menschen zu famosen Märchenerzählern. Schließlich geht es um die weiße Weste, die schon so oft gewendet und gewaschen wurde, dass man sich tunlichst eine neue zulegen sollte. Die jetzige sieht aus wie ein Fleckerlwestchen. Und um jeden Tupfen rankt sich eine Geschichte. Wer genau hinhört, bemerkt, dass sich die Storys in höchstem Maße ähneln, weil sie alle aufs Gleiche hinauslaufen: »Ich bin im Prinzip immer schuldlos, mir ist nur ein einziges Mal ein Missgeschick passiert, für das ich absolut nichts kann, verstehst du?!«

Hätten Sie nur geschwiegen! Denn derjenige, der sich rechtfertigt, neigt dazu, die Rechtfertigung der Rechtfertigung der Rechtfertigung zu fertigen. Wer sich etwas zu Schulden hat kommen lassen, der entschuldigt sich. Am besten sofort, spätestens aber am nächsten Tag. Punkt. Rechtfertigungen sind Bitten um Verständnis, weil man doch entgegen eines andersartigen Eindrucks ein Unschuldslamm ist und kein schwarzes Schaf.

Rechtfertigungen sind kindisch, darum lassen Sie sie. Oft sind sie nichts weiter als Angewohnheiten, die es sich abzugewöhnen gilt.

Hiermit verspreche ich,

_____ ,

mir, mich von Rechtfertigungen zu verabschieden.

_____
Ort

_____
Datum

_____
Unterschrift

Vertrag Nr. 46

ERFOLGE TEILEN
UND FEIERN

Erfolg schenkt Flügel.

**Jeder Erfolg, den man erzielt,
schafft uns einen Feind. Man muss mittelmäßig sein,
wenn man beliebt sein will.**
– Oscar Wilde –

Risiko ist die Bugwelle des Erfolges.
– Carl Amery –

Erfolg ändert den Menschen nicht, er entlarvt ihn.
– Unbekannt –

Im Substantiv Erfolg steckt das Verb folgen. Damit wird jeder Erfolg leicht verständlich. Er ist die Folge eines wie auch immer gearteten Einsatzes.

Nur Geizige teilen Erfolg nicht, nur Egomanen feiern ihn nicht mit anderen. Wer schon 45 Verträge mit sich zur eigenen Zufriedenheit eingehalten hat, hatte jede Woche einen Erfolg zu feiern. Allein, zu zweit oder mit viel mehr Menschen. Und da Sie wahrscheinlich niemandem von Ihrer Runderneuerung erzählt haben, denken diejenigen, die Sie anstrahlen: Hat der/die gute Laune! Vielleicht servieren die Gerüchteköche auch einen verschwiegenen Lottogewinn oder eine neue Liebe.

Gerade im Berufsleben gibt es selten Erfolge, die nur einer allein zu verantworten hat: Ihre Sekretärin hat Übertage gemacht, Ihr Kollege hatte eine blendende Idee, Ihr Chef hat sich für Sie eingesetzt, die Putzfrau für Sauberkeit gesorgt etc.

Es trägt viel zum guten Betriebsklima bei, wenn Erfolge gemeinsam gefeiert werden. Das schafft Wir-Gefühl und Teamgeist, zwei Komponenten, die alle an einem Strang ziehen und auch dann und wann rund um die Uhr arbeiten lassen. Einer für den anderen und alle mit dem gleichen Ziel.

Den Gipfel erreicht man nicht nur beim Bergsteigen durch vollen Einsatz. Und ist man oben, lernt man die Menschen kennen. Wenige freuen sich von Herzen mit dem/den Gipfelstürmer(n), viele hingegen mutieren zu männlichen Schafen, Neidhammeln. Dazu Robert Lembke: **Mitleid kriegst du geschenkt, Neid musst du dir verdienen.** Wer Neid als Anerkennung seiner Gegner wertet, kann damit souverän umgehen, weil er ihm schmeichelt und ihn amüsiert.

Wenn ein Kind eine gute Arbeit geschrieben hat, wird es – normalerweise – gelobt. Darüber freut sich der kleine Mensch so sehr, dass er sich weiterhin anstrengt, weil gelobt zu werden cool ist. Wer glaubt, das sei bei Erwachsenen anders, irrt. Wer lässt sich schon gern tadeln? Um Erfolg zu ernten, hat es sich bewährt, bei guter Leistung zu loben. Bei nachlassender oder gar schlechter, ist es angebracht, nach dem Warum zu fragen, bevor man lospoltert, was als Ultima Ratio durchaus legitim ist. Manchmal nämlich verlassen sich alle darauf, dass derjenige, der bisher bis zum Umfallen gearbeitet hat, während die anderen schon längst daheim sind, ihnen weiterhin Freizeit verschafft. Bei so viel Unfairness reißt zuerst der Geduldsfaden, und das darauf folgende Donnerwetter ist reinigend, klärend, wie ein heftiges Gewitter. Manchmal ein notwendiger Weg, um Erfolg zu haben.

Gerade erfolgreiche Menschen haben oft einen Partner, der ihnen den Rücken freihält, im Hintergrund bleibt. Es ist nur selbstverständlich, mit diesem Menschen seine Freude zu teilen.

Hiermit verspreche ich,

_____ ,

mir, meine Erfolge zu genießen und zu feiern.

_____

Ort

_____

Datum

_____

Unterschrift

Vertrag Nr. 47

TRADITIONEN
HINTERFRAGEN

**Tradition soll ein Sprungbrett sein,
aber kein Ruhekissen.**

– Harold Macmillan –

Tradition ist das Korsett vieler Gesellschaften.

Auch alte Zöpfe sind Tradition.

Eine gute Tradition ist, wenn man etwas schon immer so zur Zufriedenheit aller gemacht hat und es deshalb beibehält. Eine
schlechte, wenn man etwas schon immer so gemacht hat und
deshalb dabei bleibt.

In Deutschland wird die Geburt Christi, um ein allen bekanntes Beispiel zu nehmen, mit Tannenbaum, Geschenken und vielfach
einem Kirchgang gefeiert. Auf jeden Fall aber mit der Nähe zu anderen Menschen. In anderen Ländern trennt man Schenken und
Christgedanken und beschert am 6. Dezember zu Nikolaus oder
auch am 6. Januar, dem Tag der Heiligen Drei Könige. Ich bin der
Meinung, wer sich Christ nennt, sollte die Geburt seines Erlösers
feiern. Ob mit Familie oder ohne, ob mit Kirchgang oder ohne, kann
jeder für sich entscheiden. Gerade zu Weihnachten gibt es, wenn
sich die Familie vergrößert hat, häufig Frontalzusammenstöße ver-
schiedener Familientraditionen. Wenn dann jeder auf seinem ver-
meintlich tradiertem Recht beharrt, wird der 24. Dezember mal

wieder zur soapy Horror-Show. Da fliegen Fetzen, knallen Türen, rollen gut sichtbare Tränen pünktlich zum Weihnachtsfest. Die letzte Silbe des vorangegangenen Wortes scheint bei den sich in Szene setzenden Familienmitgliedern das Gegenteil von »flexibel« zu beinhalten. Alle Jahre wieder: »Friede auf Erden, wenn alle nach meiner Pfeife tanzen.«

Spätestens Anfang Dezember beginnen die Diskussionen und Rechthabereien. Warum? Tradition. Ich meine das durchaus doppelsinnig. Wer es sich leisten kann, verreist und bricht auf diese Weise mit der Tradition. Strand statt Streit, Pulverschnee statt Pflichtbesuch, Tauchen statt Tränen, Lachen statt Szenen.

Traditionen, wie das Ritual, sich stets vorm Schlafen zu versöhnen, sind ein Gewinn für alle Beteiligten.

Die Tradition der Fastenzeit ergibt in den (Bundes-) Ländern, in denen Karneval gefeiert wird, Sinn. In den anderen kann man sich »Sieben Wochen ohne ...« anschließen. Ohne Alkohol, Süßigkeiten, Fleisch, Fernsehen, Auto etc. Das ist auf jeden Fall gesund und in der (Internet-) Gemeinschaft mit viel Motivation verbunden.

Viele Kirchentraditionen bescheren den Gläubigen und Ungläubigen einen freien Tag. So gesehen kann ich jeden Katholiken verstehen, der auf Feiertage wie Heilige Drei Könige, Mariä Himmelfahrt, Fronleichnam oder die Karnevalszeit und anderes pocht. Den Protestanten hat man ihren Reformationstag bis auf ein Bundesland gestrichen. Eine Tradition für Gerechtigkeit gibt es nicht.

Die Briten sind ein Volk voller Traditionen, die aber auch andere Monarchien prunkvoll in die Neuzeit hinübergerettet haben. Ein Stück guter alter Zeit, vergoldeter Märchen mit Kutschen, Zeremonienmeister, Galauniformen, Krone, Kelchen, Tafelsilber und vielem mehr.

Höflichkeit beruht fast ausschließlich auf Tradition, steckt doch in ihr das Wort Hof, bei Hofe. Leider versickert sie häufig im Treibsand der Beliebigkeit. In manchen Kreisen trinkt man Bier nur noch aus Flaschen, das sind wahrscheinlich dieselben Leute, die sich beim Gähnen nicht die Hand vor den Mund halten, gern mit vollem Mund sprechen, die Serviette zum Naseputzen benutzen und niemandem den Vortritt, die Vorfahrt lassen. Da ziehe ich die Tradition guten Benehmens eindeutig vor.

An vielen Traditionen kann und soll der Einzelne nichts ändern. Mit welchem Recht mischen Missionare sich in gut funktionierende Stammestraditionen der wenigen Ureinwohner, die unsere Erde noch beherbergt, ein? Für mich gleicht derlei einer kulturellen Beschneidung.
An Familientraditionen aber kann jeder etwas ändern, was allerdings voraussetzt, dass man sie ehrlich hinterfragt. Wie? Versetzen Sie sich einmal in die Situation derjenigen, die über Ihre Tradition schimpfen, die ausgeschlossen werden oder, weil sie sich Ihr einseitiges Denken und Handeln nicht mehr gefallen lassen, ihre eigenen Wege gehen und – auch das kommt vor – ganz mit Ihnen brechen. Das Leben kann so schön sein, wenn jeder einen Schritt auf den anderen zugeht. Auch in Richtung Tradition.

Hiermit verspreche ich,

_____ ,

mir, Familien- und andere Traditionen akribisch zu hinterfragen, indem ich mich in die Position meiner Gegner hineinversetze.

_____
Ort

_____
Datum

_____
Unterschrift

Vertrag Nr. 48

SELBSTDISZIPLIN

Selbstdisziplin ist der Fahrstuhl zum Olymp.

**Wem Disziplin fehlt,
der fordert sie gern von anderen.**

Oft endet die Selbstdisziplin mit der Hochzeit.

**Askese ist eingekochte Disziplin,
nichts für Genießer.**

Verwahrloste Jugendliche sind sichtbares Zeichen einer Gesellschaft ohne Disziplin. Der früher häufig karikierte Lehrer mit Rohr-
stock, vor dem die Klasse geschlossen aufstand und auf
Kommando brüllte: »Gu-ten Mor-gen, Herr Dok-tor Klo-se«, ist aus-
gestorben. Ihm folgte der Antiautoritäre: »Ich bin der Karl, ähm,
Alter, und wer bist du?«

Warum zwei Schulbeispiele? Disziplin stammt vom lateinischen
discipulus, und das heißt der Schüler. Die zuerst genannte Form
der Disziplin war, bevor Sigmund Freud die »frühkindliche Prä-
gung« formuliert hatte, gang und gäbe und hinterließ oft ein Leben
lang Spuren in Form von körperlichen und seelischen Wunden
und Narben. Damals hatten Kinder zu gehorchen, sonst gab es
Prügel von Eltern, Lehrern, Lehrherren. Dieser unausweichliche
Gehorsam setzte sich fort beim Militär und bekam die leider in
vielen Fällen zutreffende Bezeichnung »Kadavergehorsam«.

Tempora mutantur, nos et mutamur in illis. Die Zeiten wandeln sich und wir uns mit ihnen soll Kaiser Lothar I. gesagt haben. Die Älteren kennen noch beides: Drill und antiautoritäre Gleichmacherei. Zuletzt Genannte ist ein Relikt der viel zitierten 68er.

Wie soll ein Kind, dem nirgends Grenzen gesetzt wurden, zu einem Erwachsenen werden, der sich selbst Grenzen setzt und die anderer achtet? Das Resultat von missverstandener Freiheit sind die teilweise verhätschelten Kinder der 68er: überzogen ich-bezogen.

Wenn Sie zu den Du-darfst-alles-Geschädigten gehören, so sind Sie Selbstdisziplin nicht gewöhnt. Mehr ist es nicht. Vieles im Leben aber erreicht nur der Disziplinierte. Trainieren Sie sich Disziplin an, und belohnen Sie sich, wenn Sie erfolgreich sind. Beginnen Sie mit Dingen, die Ihnen nicht ganz so schwerfallen, und steigern Sie sich so lange, bis Sie die für Sie schweren Brocken angehen können. Eines macht das Sich-beherrschen-Können überaus reizvoll: **Disziplin gebiert Disziplin.** Wie in jeder sportlichen Disziplin zeigt Übung rasch Fortschritte und erzeugt Meister. Und so betrachtet ist Selbstdisziplin eine höchst angenehme Sache, die zu einer Menge Lebensqualität führt. Nochmals Johann Wolfgang von Goethe: **Wer sich nicht selbst befiehlt, bleibt immer ein Knecht.**

Hiermit verspreche ich,

_____,

mir, mich in Selbstdisziplin zu üben.

_____

Ort

_____

Datum

_____

Unterschrift

Vertrag Nr. 49

FEHLER ZUGEBEN

Es ist ein großer Vorteil, die Fehler, aus denen man lernt, recht früh zu machen.
– Winston Churchill –

Man fällt nicht über seine Fehler. Man fällt immer über seine Feinde, die diese Fehler ausnützen.
– Kurt Tucholsky –

Obwohl Gott Allmacht zugestanden wird, ist noch nicht einmal Er fehlerfrei. Siehe den homo sapiens. Wer Anhänger des Evolutionsgedankens ist, weiß, dass sich bisher alles auf höchst spannende Weise weiterentwickelt hat, sofern der Mensch nicht eingreifen konnte. Seine Eingriffe wurzeln in seinem Glauben, seinen Überzeugungen, seinen vermeintlichen Rechten. Und es fällt vielen Vertreter dieser zwar aufrecht gehenden, aber oft starrsinnig unbeugsamen Spezies schwer zuzugeben, dass sogar sie einen Fehler gemacht haben können. Leider ist Starrsinn altersunabhängig, verfestigt sich aber mit den Jahren.

Im Diana-Verlag erschien ein Buch über *Camilla*, auf dessen Rückseitentext die Enkelin von Marion Gräfin Dönhoff, Tatjana Gräfin Dönhoff, Folgendes von sich gibt: »Camilla Parker Bowles folgte stets dem königlichen Imperativ: niemals etwas erklären, entschuldigen oder zugeben.«
Wer derlei als königlich bezeichnet, macht nicht nur die Zitierte, sondern auch sich selbst klein. Wie anders der Kniefall von Willy Brandt.

Wenn Sie feststellen, dass Sie zur Art der Rumpelstilzchen gehören, gibt es nur eines: Geben Sie Ihre Fehler, auch wenn zurückliegend, zu, suchen Sie das Gespräch anstelle von selbstgefälligem Gehabe und ungerechtfertigtem Angriff. Entschuldigen Sie sich. Springen Sie über Ihren Schatten, auch wenn es Ihnen noch so schwerfällt. Anderen fällt das Eingestehen von Fehlern auch nicht leicht, sonst hätte der oben erwähnte Kniefall nicht weltweit Aufmerksamkeit erregt. Ein Rumpelstilzchen, das seine Fehler zugibt, verlässt das Bonsaiformat.

Sie werden nach anfänglichem Erstaunen und Unglauben über Ihre Veränderung weitgehend Zustimmung erhalten, geöffnete anstelle von verschlossenen Türen vorfinden, von Menschen anerkannt werden, die Sie bisher ablehnten, und last, beileibe nicht least einen großen Schritt in Richtung Gewinner tun. **Jeder eingestandene Fehler ist eine Barriere weniger.**

Hiermit verspreche ich,

_____ ,

mir, meine Fehler zuzugeben und mich, wo möglich, auch nachträglich zu entschuldigen.

_____

Ort

_____

Datum

_____

Unterschrift

Vertrag Nr. 50

HÖFLICHKEIT

**Es gibt keinen besseren Grund,
höflich zu sein, als Überlegenheit.**
– Marie von Ebner-Eschenbach –

**Die wenigsten Menschen kennen das Geheimnis,
zu sich selbst höflich zu sein.**
– Peter Bamm –

**Höflichkeit ist der dritte Arm, der uns erlaubt,
Zudringliche auf Distanz zu halten.**
– Walther Kiaulehn –

Pöbeln kommt von Pöbel, mobben von Mob. Gewöhnlich sind die Leute, die pöbeln und mobben diejenigen, die von Umgangsformen keinen blassen Schimmer haben, oder auch solche, die sie bewusst missachten, weil sie – in der Kunst gang und gäbe –provozieren wollen. Urinierende und onanierende Darsteller sind zwar keine Provokation mehr, ich finde derlei jedoch genauso phantasielos und langweilig wie einfarbig angestrichene Blätter Papier oder Leinwand, die unter der Bezeichnung monochrom laufen.

»Scheiße«, »shit«, »merde« sind mittlerweile Wörter, die jeder einmal benutzt, weil sie Wut oder Unbehagen ausdrücken, ohne dass man sich über den Wortinhalt noch Gedanken macht. Sie sind – bei mäßigem Gebrauch – gesellschaftsfähig geworden.

Damit Sie sich weitgehend souverän verhalten können, hier ein Schnellkurs in Richtung Höflichkeit. Natürlich ist er nur oberflächlich. Das Benimmbuch, das ich 1986 schrieb, hatte schließlich 400 Seiten.

Lassen Sie mich mit den häufigsten Unarten beginnen: Einen erwachsenen Fremden sofort duzen. »Gesundheit« anstelle von Schweigen oder eines »Entschuldigung« nach dem Niesen. Am Büffet vordrängeln und sich den Teller ordentlich voll füllen, anstatt mehrmals aufzustehen und sich kleine Portionen zu nehmen. Das dargereichte Brot wie eine Stulle bestreichen und davon abbeißen, anstatt das Brot zu brechen und das jeweilige Stück mit Butter etc. zu bestreichen, um es dann zu essen. Mit vollem Mund sprechen. Die Serviette zum Naseputzen nehmen. Bei Tisch über Eiter & Co. sprechen. Benutzte Messer und Gabeln mit dem Tischtuch in Berührung bringen. Das Besteck nicht in eine Richtung legen, wenn man fertig ist, sondern dem Kellner durch ein gekreuztes Besteck signalisieren, dass man noch mehr von der Speise haben möchte. Wein kippen, aus Flaschen trinken. So laut sprechen, dass alle anderen mithören müssen. Den Löffel in der Tasse oder im Dessertschälchen stehen lassen. Sich bei einem Missgeschick wie Kleckern, rechtfertigen, anstatt zu schweigen oder, wenn andere auch bekleckert wurden, um Entschuldigung zu bitten.

Unhöflich ist auch, einen anderen nicht ausreden zu lassen, beim Telefonieren dazwischen zu quatschen. Unpünktlichkeit geht gar nicht, weil der Unpünktliche dem anderen Zeit stiehlt. Sich in den Mittelpunkt reden, wenn ein anderer Mittelpunkt ist: Geburtstag, Jubiläum, Taufe, Hochzeit etc. Sich während einer Rede unterhalten.

Das reicht fürs Erste und streift die gröbsten Fehler. Alles Weitere kann der Interessierte der Fachliteratur entnehmen, oder er belegt einen Benimmkurs. Wer zu Hause nicht zur Höflichkeit erzogen wurde, wird nicht parkettsicher. Diese Unsicherheit schließt vom großen Erfolg aus. Parkettsicherheit zu gewinnen ist eine

Sache, die jeder in Kürze lernen kann, weil die meisten Regeln so einleuchtend sind, dass sowohl pauken als auch vergessen entfallen.

Höflichkeit erleichtert das Miteinander erheblich, beruht sie doch auf der Achtung vorm anderen, die jeder gern als »anderer« für sich in Anspruch nimmt. Natürlich ist auch sie einem Wandel unterzogen. Als es noch keine rostfreien Messer gab, war es verpönt, Kartoffeln zu schneiden, weil die Klingen anliefen. Spargel durfte nicht geschnitten werden, Rotwein nur zu dunklem Fleisch getrunken werden, Weißwein entsprechend nur zu hellem und Fisch. Kindern war es untersagt, bei Tisch zu reden, es sei denn, sie waren gefragt worden. Als Frau auf der Straße zu rauchen war verpönt. Bezeichnen Sie mich gern als Fossil, ich finde es auch heute noch abstoßend.

Höflichkeit macht Spaß, weil sie viele Türen öffnet.

Hiermit verspreche ich,

_____,

mir, mich jedem Menschen gegenüber höflich
zu verhalten.

_____
Ort

_____
Datum

_____
Unterschrift

Vertrag Nr. 51

ICH SAGE NEIN

**Die Fähigkeit, nein zu sagen,
ist der erste Schritt zur Freiheit.**
– N. Chamfort –

**Ich kann in zwölf Sprachen Nein sagen.
Das genügt für eine Frau.**
– Sophia Loren –

Sie haben keine Lust, zu XYs Geburtstagsfeier zu gehen, weil Sie die Mehrzahl der Gäste nicht mögen und XY selbst nur ein flüchtiger Bekannter ist. Und dennoch kaufen Sie ein Geschenk und ziehen missmutig los. Warum? Sie gehören zu den unzähligen Jasagern, die Neindenker sind. Das werden wir ändern.

Da Ihnen das so wichtige Wort Nein noch nicht geläufig ist, bauen wir uns eine Brücke, die aus einem Satz besteht: *Tut mir leid, ich habe schon etwas anderes vor.* Punkt. Da Sie die Brückensätze von nun an wie ein Papagei auswendig lernen werden, nenne ich sie *Papageiensätze*, siehe hierzu auch mein Buch *Der Schildkröteninstinkt – dem Leben eine klare Richtung geben.* Sie haben es als Erwachsener nicht nötig zu sagen, was Sie vorhaben oder sich anderweitig zu erklären. Diese kleine Notlüge ist erlaubt, weil sie eine höfliche Absage beinhaltet.
Und da nur wenige Neinsager vom Himmel gefallen sind, bleibt Ihnen nur eines: üben, üben, üben.

Es gibt geradezu klassische Formulierungen, um den Neindenker zu einem Ja zu überreden:

»Du hast doch nichts dagegen ...«, am Wochenende auf unsere Kinder aufzupassen, unseren Hund während unseres Urlaubs zu übernehmen etc.

»Du erfüllst mir sicher meinen Wunsch ...?« Der Ja- und Neinsager fragt nach dem Wunsch und äußert sich dann. Der Nur-Jasager – er will wie als Kind brav sein – sagt: »Selbstverständlich, gern, weil du's bist.« Die Brücke zum Nein, der *Papageiensatz*, lautet in diesem Fall: *»Das muss ich mir noch überlegen.«* Auf diese Weise gewinnen Sie Zeit, um Ihre Unsicherheit zu überbrücken. Danach sagen Sie dann, was Sie wirklich wollen.

»Außer dir kann mir keiner in dieser Situation helfen.« Und dann wird gejammert und geklagt, bis Ihnen die Tränen kommen und Sie Ja sagen. Oder Zuflucht bei einem der beiden *Papageiensätze* suchen.

Geradezu dreist, weil Sie vor vollendete Tatsachen gestellt werden: Ein Brief samt Schlüssel wird in Ihren Briefkasten geworfen: *»Wir machen zwei Wochen Urlaub, sei doch bitte so lieb und gieß die Blumen, leer den Briefkasten und nimm unsere Pakete an.«* Wenn Sie Zeit haben, gießen Sie bitte die Blumen, die Pflanzen können nichts für die Unverfrorenheit Ihrer Nachbarn. Sobald die aber zurück sind, stellen Sie klar, dass Sie vorher gefragt werden möchten. Durch diese Aussage gewinnen Sie, weil der Gefälligkeits-Jasager von niemandem geachtet wird. Im Gegenteil. **Wer keine Grenzen zieht, macht sich klein. Wer aber Grenzen zieht, wird respektiert.** Das gilt verstärkt für Gewissensentscheidungen. Sagen Sie lieber in letzter Sekunde nein, als ein Ja, das Sie möglicherweise für den Rest Ihres Lebens bereuen. Machen Sie sich bitte klar, Sie sind nicht auf der Welt, um beliebt zu sein, Achtung reicht völlig aus. Jeder Hund markiert sein Revier. Sie sind nicht schwächer als ein Dackel.

Einem sehr guten Freund können Sie anvertrauen, dass Sie sich im Neinsagen üben. Mit ihm können Sie es sogar trainieren. Wenn Sie aber einen solchen nicht haben, schweigen Sie lieber. In Ihrem Interesse.

Wer etwas Neues lernt, für sich entdeckt, schlägt oft über die Stränge. Bestes Beispiel sind frische Nichtraucher, die wollen häufig die ganze Welt missionieren. Na und?! Sie sind von anderen so oft übervorteilt worden, dass Sie das Recht haben, ein Nein zu viel zu sagen, bis sich alles eingependelt hat und Sie ja sagen, wenn Sie ja meinen, und nein, wenn Sie nein meinen. Dann spielen Sie nicht mehr das brave, gehorsame, artige, folgsame Kind, sondern treten für sich ein, was zur Folge hat, dass Sie nicht mehr ausgenutzt werden, weil Sie sich nicht mehr ausnutzen lassen.

Und nun bitte ich Sie, meinem Lieblingssport zu frönen: **Bitte heben Sie die Mundwinkel, und lassen Sie sie, solange Sie können, oben.** Und das nicht nur nach jedem Nein, über das Sie sich freuen.

Dieser Vertrag wird Ihr Leben grundlegend verändern: Sie gewinnen außer der Achtung anderer eine gehörige Portion Selbstachtung, und die macht begehrenswert und sicher. Wer im Kleinen den Mut zum Nein hat, wird ihn auch im Großen haben:

Stell dir vor, es ist Krieg, und keiner geht hin!
– Bertold Brecht –

Hiermit verspreche ich,

_____,

mir, ab heute nein zu sagen, wenn ich nein meine.

_____

Ort

_____

Datum

_____

Unterschrift

Vertrag Nr. 52

SELBSTSICHER SEIN

Snobismus ist das Selbstbewusstsein derjenigen,
die ihrer selbst nicht sicher sind.

– Thornton Wilder –

Was braucht man, um erfolgreich zu sein?
Unwissenheit und Selbstvertrauen.

– Mark Twain –

Selbstständigkeit führt zu Selbstsicherheit.

Die Liebe muss auf die Zukunft hin lieben.
Menschen, die sich nicht aneinander steigern,
werden sich bald zur Last.

– Rochus Spieker –

Die Sprache verdeutlicht es: Wer auf eigenen Füßen steht, selbstständig ist, steht sicher. Anders der Abhängige, bei diesem Begriff denken wir, sofern wir ihn wörtlich nehmen, an Marionetten, Hampelweibchen und -männchen, die von anderen gehalten werden.

Menschen sind länger abhängig von ihrer Mutter, ihrem Vater, ihren Eltern als jede andere Tierart. Um aber aus abhängigen Kindern unabhängige Erwachsene voller Selbstvertrauen und -sicherheit zu machen, gibt es nur eines, die Kleinen – wörtlich – zur Selbstständigkeit zu erziehen, das heißt, ihnen innerhalb der für ihr jeweiliges Alter notwendigen Grenzen die Freiheit zu geben, aus Fehlern zu lernen. Kein gesundes Kind bleibt liegen, wenn sein erster Stehversuch misslungen ist. Das Kind übt und probiert so lange, bis es erfolgreich ist. Wenn es dann hört: »Dazu bist du viel zu schwach, mein Kleines, Mama nimmt dich lieber auf den Arm«, so wird seine Selbstständigkeit im Keim erstickt, und das erste Mal prägt sich ihm ein: »Ich bin zu schwach, um etwas zu können. Ich brauche Hilfe.« Gerade Eltern, die ihren Kindern alles abnehmen, sie ständig verwöhnen, untergraben deren Entwicklung, was dazu führt, dass diese Menschen später das lernen müssen, was ihre Eltern versäumt haben. Liebe macht einen Menschen frei, damit er sich ausprobieren, selbst entscheiden, seine eigenen Erfahrungen machen kann, wozu Adorno sagte: **Geliebt wirst du einzig dort, wo du Schwäche zeigen kannst, ohne Stärke zu produzieren.**

Um sich Ihrer selbst bewusst zu werden, um Selbstvertrauen und -sicherheit zu erlangen, kann es durchaus sein, dass Sie als Erstes die Nabelschnur, an der Sie möglicherweise noch hängen, durchtrennen müssen. Sie wollen doch Ihr Leben leben, und nicht das Ihrer Mutter, Ihres Vaters, Ihrer Schwiegermutter, Ihres Schwiegervaters.

Jeder junge Mensch sollte, wenn irgend möglich, ein Jahr im Ausland verbringen. Am einfachsten funktioniert das als Austauschschüler. Sie können aber auch Entwicklungshilfe leisten. Derjenige mit sehr gutem Abschluss kann als Stipendiat studieren, andere werden Au-pair oder »Tellerwäscher«. Nach diesem Jahr fremdes Land, fremde Sprache, Menschen, Umgebung sind Sie selbstständig. Und, was mindestens ebenso zählt, Sie sind glücklich und kehren freiwillig nach Hause zurück. Nicht ins Hotel Mama, das mit Ködern wie Wäsche waschen für eine(n) Dreißigjährige(n) lockt, sondern zu Mutter, Vater oder wem auch immer, und Sie danken dafür, dass die Sie losgelassen, Ihr Wohlbefinden über ihren Egoismus gestellt haben, Sie wirklich von Herzen lieben.

Menschen, die andere anerkennen, werden in der Regel anerkannt. Anerkennung schafft Vertrauen, Vertrauen schafft Selbstvertrauen, und das führt zu Selbstsicherheit. Letztendlich beruht Erfolg, gleichgültig, ob privat oder beruflich, vielfach auf der Forderung: Behandle andere so, wie du selbst behandelt werden willst.

Ein selbstsicherer Mensch hat keine Schwierigkeiten, andere anzuerkennen und zu fördern. Dazu gehören Größe und Menschenliebe ebenso wie Klugheit, Phantasie und Vorausschau.

Im Zeitalter der plastischen Chirurgie bezieht manch einer einen Teil seines Selbstbewusstseins vom Schönheitschirurgen. Ich warne nochmals eindringlich vor dem Nervengift Botox. Wiederholt Gift ins Gesicht, in die Nähe des Hirns zu spritzen, halte ich für äußerst bedenklich. Mediziner mögen mir widersprechen, aber auch für sie gilt: Irren ist menschlich, was Contergan und die Häufung von Brustkrebs nach Einnahme von Hormonen gegen Wechseljahrsbeschwerden aufs Bitterste belegen. Wie wäre es, anstelle von ewiger Faltenfreiheit auf Phantasie, Wissen, Charme und Humor zu setzen? Die mannigfaltigen Nebenwirkungen dieser vier sind erforscht.

Wenn Sie auch diesen Vertrag unterzeichnen, haben Sie einen Riesenschritt in Richtung Glück gemacht, weil Sie selbstständig sind, denken und handeln. Selbstsicherheit bekommen Sie ab jetzt gratis, weil sie stets Folge einer wie auch immer gearteten Unabhängigkeit ist.

Hiermit verspreche ich,

_____ ,

mir, nach getarnten, störenden Abhängigkeiten zu suchen, sie, wenn nötig, zu kappen, um selbstständig und selbstsicher zu werden.

_____
Ort

_____
Datum

_____
Unterschrift

Liebe Leserin, lieber Leser,

Sie haben im einem Jahr viel erreicht. Glückwunsch! Das Jahr brachte Höhen, Tiefen, Abgründe. Dazu Karl Kraus: **Es ist schwierig, einen Abgrund in zwei Sprüngen zu überwinden.**

Ich wünsche Ihnen von ganzem Herzen ein weiteres Jahr voller Gesundheit, Liebe, Optimismus, Erfolg, Mut und viel Schmunzeln, Lachen und Jubeln. Danke, dass Sie mir gefolgt sind.

Mit optimistischen Grüßen,
Petra Schmidt-Decker

Weiterführende Informationen zu
Büchern, Autoren und den Aktivitäten
des Silberschnur Verlages erhalten Sie unter:
www.silberschnur.de

Sie können uns alternativ
die beiliegende *Postkarte* zusenden.

Ihr Interesse wird belohnt!

Kishori Aird

Die 13. Helix

Ein Praxisbuch zur Erweckung unseres verlorenen Gens

Wenn Sie bisher geglaubt haben, die Möglichkeit, den genetischen Code zu beeinflussen, wäre allein der Wissenschaft vorbehalten, dann irren Sie sich:
Wussten Sie, dass die DNA über ein schwingendes, elektromagnetisches Feld verfügt, das auf unsere Gedanken und Gefühle reagiert? Und das die DNA nicht nur zwei, sondern vielmehr 13 Stränge aufweist, die alle aktiviert und genutzt werden können? Sie lernen, wie Sie selbst Ihren genetischen Code so verändern können, dass Sie lang ersehnte Ziele wie Gesundheit, Jugendlichkeit, innere Balance oder auch Selbstvertrauen mühelos erreichen.

328 Seiten, broschiert
ISBN 978-3-89845-290-8
€ [D] 18,90

Guido Ernst Hannig

Lebe deine wirkliche Berufung

Der spirituelle Weg

Spirituelles Berufscoaching ist der Schlüssel, um zur wahren Berufung zu finden. Doch zu einem erfüllenden Arbeitsleben gehört neben der Entdeckung auch die Umsetzung der Berufung. Das Kernanliegen dieses Buches liegt in den Antworten auf folgende Fragen:
• Was möchten Sie in Ihrem Leben verwirklichen?
• Sind Ihre Visionen klar genug, um sie in Ihr Leben zu bringen?
• Sind Sie bereit, auf die Kräfte im Universum zu vertrauen?
Dieser spirituelle Berufscoach illustriert anhand von realen Coachingfällen, wie man lernt, seine beruflichen Wünsche zu entdecken. Das anvisierte Ziel ist die Verwirklichung unserer Träume und ein erfüllteres Leben.

192 Seiten, broschiert
ISBN 978-3-89845-294-6
€ [D] 12,90

Vadim Zeland

Transsurfing

Realität ist steuerbar

Dieses Buch löste in Russland eine wahre Revolution aus. Die Realität ist steuerbar! Wir alle glauben, wir seien abhängig von den äußeren Umständen – dabei ist es genau umgekehrt! Ihre innere Wirklichkeit kreiert die äußere Realität. So erfüllen sich Wünsche, Träume verwirklichen sich …
Transsurfing ist eine mächtige Technologie zur Realitätssteuerung. Alle, die sich mit Transsurfing beschäftigen, erleben eine Überraschung, die an Begeisterung grenzt. Die Umgebung eines Transsurfers verändert sich beinahe augenblicklich auf eine unbegreifbare Weise.
Das hat nichts mit Mystik zu tun. Das ist real.

232 Seiten, broschiert
ISBN 978-3-89845-154-3
€ [D] 14,90

464 Seiten, broschiert
ISBN 978-3-89845-112-3
€ [D] 19,90

Walter Rotter

Charaktere erkennen – Menschen verstehen

... miteinander glücklich sein

Eine echte Sensation! Nach über drei Jahrzehnten intensiver Studien und beratender Tätigkeit ist Walter Rotter – allein auf der Grundlage des Geburtsdatums und der Geburtsstunde – in der Lage, den Charakter jedes Menschen zu erfassen, den Zugang zu diesem zu finden und ihn im Herzen zu berühren.

Mit Hilfe dieses Buches wird nun auch Ihnen der Zugang zu vielen Menschen erleichtert werden. Lassen Sie sich überraschen von der Vielfältigkeit dieser wunderbaren Grundcharaktere, lernen Sie sie zu verstehen und Sie werden ein erstaunliches Feedback erhalten ...

208 Seiten, Klappenbroschur
ISBN 978-3-89845-280-9
€ [D] 11,90

Phil Daub

Interview mit Joe

Vertraue deiner inneren Stimme

Manch einer wird ihn seinen Engel, ein anderer seine Intuition nennen – Phil Daub selbst spricht schlicht von seiner inneren Stimme, Joe, mit dem er in diesem Buch einen teilweise tief schürfenden, manchmal ernüchternden, aber immer aufschlussreichen sowie unterhaltsamen Dialog führt.

Phil Daubs Werk ist ein eindringliches Plädoyer für eine Verschmelzung von Ratio und Gefühl, von Verstand und Herz. Es animiert auf unkomplizierte und gleichzeitig eindringliche Weise dazu, mit seiner eigenen inneren Stimme in Kontakt zu treten!

136 Seiten, broschiert
ISBN 978-3-89845-235-9
€ [D] 9,90

Sylvia Poth

Leben und sich niemals aufgeben

Mein Weg aus dem Schmerz

Ein wunderschön einfaches Buch – im Kopf erlebt, im Herzen empfunden und aus dem Bauch heraus geschrieben: die Geschichte eines Lebens voller Schmerzen, Operationen, Todesangst, Krankheiten und Depressionen bis hin zu einer Vergewaltigung.

Lesen Sie das authentische Selbsthilfebuch einer Frau, die durch alle Leiden gehen musste, um ihren Sinn im Leben und ihren Weg als Heilerin zu finden – ein seltenes Zeugnis eines erlebten Kreuzweges ...

Axel Ruth

Schönheitsgeheimnisse

28 Beautykarten für natürliche Pflegerituale

Der Moderator und Beauty-Experte Axel Ruth lüftet in diesem Buch die Geheimnisse der Schönheitspflege. Er stellt neben Kleopatras Schönheitsritualen auch die von zahlreichen Prominenten vor, darunter Mode- und Lifestyleexpertin Sarah Kern, Stil- und Werbeikone Verona Pooth, Deutschlands Promi-Coiffeur Udo Walz sowie Golden Globe Preisträgerin Christine Kaufmann. Die 28 Karten ermöglichen eine intuitive Wahl sowie eine schnelle Zubereitung wertvoller Pflegerezepte.

28 Rezeptkarten mit Begleitbuch, 96 Seiten broschiert, inkl. Musselintuch in Box
ISBN 978-3-89845-271-7
€ [D] 19,90

Althergebrachtes – neu interpretiert und zelebriert. »Einfach und unkompliziert eben«, so hat Axel Ruth das Set gestaltet für schönheits-und naturbewusste Menschen, die sich einfach auch einmal Zeit für sich und besondere Beauty-Rituale nehmen möchten …

Dr. Jean-Claude Houdret

Der Schönheits-Schlankmacher

Das Programm des Ernährungsberaters von Karl Lagerfeld

Wer träumt nicht davon, schlanker und somit auch schöner zu werden? Jean-Claude Houdret, Pariser Naturmediziner und Entwickler des als 3D-Diät (Designer-Doktor-Diät) bekannten Spoon-Light-Programms, erläutert hier zum ersten Mal im Detail seine Methode, die Karl Lagerfeld und viele andere Stars und Sternchen erfolgreich einige Kilos abnehmen ließ.
Ein praktisches Buch, das auf unterhaltsame Weise kein Blatt vor den Mund nimmt!

268 Seiten, broschiert, mit Illustrationen
ISBN 978-3-89845-100 8
€ [D] 14,90

Zoé Kertesz

Face Gym

Jünger aussehen durch einfache und natürliche Gesichtsgymnastik

Doppelkinn, Krähenfüße, Hängebacken … verschwinden. Sie brauchen nur Ihr Gesicht richtig in die Hand zu nehmen! Dieses Buch zeigt Ihnen mit einfachen und wirkungsvollen Übungen, wie Sie ohne Schönheitschirurgie die Elastizität, die Besonderheiten und die Form Ihres Gesichts bewahren können. Behandeln Sie Ihr Gesicht nicht schlechter als den Rest Ihres Körpers. Soll es doch ruhig auch ein bisschen Face Gym machen, um seine natürliche Ausdruckskraft und jugendliche Frische zu bewahren!

136 Seiten, Klappenbroschur
ISBN 978-3-89845-240-3
€ [D] 17,90